W0387281

Le jour et l'heure

DU MÊME AUTEUR

Je craque, *Calmann-Lévy, 1975*

En attendant la bombe, *Calmann-Lévy, 1980*

Petites drôleries et autres méchancetés sans importance, *Seuil, 1989*

Inconsolable et gai, *Seuil, 1991*

Envie de jouer, *Seuil, 1993*

Journal d'un mégalo, *Seuil, 1995*

Merci pour tout, *Seuil, 1996*

Pointes, piques et répliques, *Le Cherche Midi, 1998*

Arrêtez le monde, je veux descendre, *Le Cherche Midi, 2003*

Mémoires d'outre-mère, *Stock, 2005*

Sarko & Co, *Le Cherche Midi, 2008*

Guy Bedos

Le jour et l'heure

roman

Stock

ISBN 978-2-234-06151-4

© Éditions Stock, 2008

Aujourd'hui, j'ai décidé de me tuer. Quand ? Je ne sais pas. Je choisirai le jour et l'heure.

Être en état de choisir. Ne pas trop tarder. Le temps joue contre moi, à présent. Ne pas laisser approcher le « moins bien » de l'âge et les prévisibles humiliations qui l'escortent. Je veux mourir par amour de la vie. Debout. Cette fois-ci, c'est moi – et moi seul – qui écrirai le scénario. Sans producteur pour me corriger. Auteur, réalisateur, acteur. Derrière et devant la caméra. Aucun casting à me coltiner. Les comédiens, les comédiennes, je les aime, je les admire, mais, pour certains, ils m'auront bien scié les nerfs avec leur ego, leurs caprices, leur bêtise. Au cours de ce que je n'ose nommer ma carrière de cinéaste – c'est bien loin, tout ça – ils en auront fait capoter des projets, tous. J'y avais pourtant mis le meilleur de moi-même. Acteurs, producteurs, distributeurs, gâcheurs de vie. L'Art et l'Argent main dans la main. Ils ont fini par avoir ma peau. Suicide, donc. Puisque pour nous tous, à un moment, c'est la fin du film, autant éviter les longueurs. Revenir au court-métrage. Pas cher. Choisir le décor qui, dans cette histoire-là, commande à la dernière séquence. Selon le style adopté, il peut y en avoir plusieurs. Avant, pendant, après. Ne pas négliger l'esthétique. Pendaison, défenestration, bagnole, train ou métro sur le corps à proscrire.

Entrer gracieusement dans une mer du Sud, au matin. Comme James Mason dans *A Star is born*. Pas de plongeon dans la Seine, à Paris. Trop froid. Trop sale.

Stop. Fatigué. Assez écrit pour cette nuit. Demain, on tourne à l'aube. Coupez.

Qu'est-ce que tu dis, qu'est-ce que tu écris là, mon père adoré ?

Je pleure comme un gosse devant sa table de travail, dans cette pièce désertée où nous avons si souvent ri, lui et moi.

Et puis, très vite, Kleenex en main, j'essaie de me reprendre, me persuadant que les quelques lignes que je viens de lire par effraction ne sont peut-être que l'ébauche d'une fiction. La voix intérieure d'un personnage en devenir pour un possible film.

Étrange scénario ! Rupture radicale, dans son absolue noirceur, avec les charmants téléfilms tous publics dont Papa s'est résigné à devenir le champion, sur le tard. Bien loin des films d'auteur « engagé » qui l'ont fait connaître, dans le milieu des années soixante-dix. Œuvre ambitieuse, orgueilleuse, qui avait plu, moins plu – que de maisons et d'appartements vendus pour payer les dettes ! –, mais toujours saluée par une certaine presse, un certain public. Ses amis de l'époque se nommaient Signoret, Costa-Gavras, Michel Drach, Trintignant, Robert Dorfmann, Alexandre Mnouchkine, Polanski… (Il avait été négligé par Truffaut, Godard et les autres inventeurs de la « nouvelle vague » et je sais, sans qu'il l'ait jamais avoué, que ça l'avait blessé.) Bataille de clans. Le seul clan dont mon père ait jamais consenti à se réclamer était sa famille et ses rares vrais amis. Tout cela, on me l'a raconté plus tard, je n'étais pas né. Bon an mal an et toujours dans la difficulté, il poursuivait sa route. C'est après 81, Mitterrand élu – il avait pourtant voté pour lui –, que le vent a tourné. Quand la télévision est devenue la vraie patronne du cinéma, quand elle a jeté sur les malheureux auteurs ses douaniers culturels dont la tâche principale est de débusquer les faiseurs d'Audimat, c'est là qu'est venu le mauvais temps de la dégringolade. Aucun de ses trop exigeants projets n'aboutissant, il a fini par rendre les armes et, paradoxalement, par passer de l'autre côté. Jusqu'à devenir le roi de la série familiale de vingt heures cinquante. Il faut bien vivre. Et voilà qu'il veut mourir.

Ça, moi, son seul et unique fils, je ne peux pas l'accepter. Je me suis donc mis à écrire en secret, moi aussi – pas mon boulot, je suis comédien –, un semblant de droit de réponse, afin d'exorciser l'angoisse d'avoir à le lire, sous sa plume, en testament. Dialogue de sourds. Le tenir étranger à ma prose aussi longtemps que je suis censé ignorer la sienne. Qu'est-ce qui nous arrive ? Qu'est-ce qui nous attend ?

1er janvier. Bonne année ! Meilleurs vœux ! Ces grimaces de sympathie m'ont toujours exaspéré. Comme ce « Ça va ? » qu'on nous bastonne à longueur de vie.

« Ça va ?

– Non, ça va pas. Et ne me pose pas la question, Ducon, puisque au fond tu t'en fous. »

« Alors, en forme ?

– Non, j'ai le sida. Et je t'encule. Bonne année ! »

Les « seniors », comme on dit, ajoutent généralement avec une lueur d'effroi dans l'œil : « Et *surtout* bonne santé ! » À la mienne !

État des lieux. Apnée du sommeil. Nouveau, ça, pour moi. Il semblerait que la nuit, dans les rares moments où je dors de bon cœur, j'arrête de respirer. À terme, risque d'étouffement mortel. En cas d'aggravation, le docteur F. me parle de l'ablation d'une partie de la langue et de divers travaux mécaniques sur l'arrière de la mâchoire. L'autre soir quand, pour l'examen, on m'a placé des électrodes sur le visage et la poitrine, des tuyaux dans le nez, un clignotant rouge au doigt, c'était de la science-fiction. On a beaucoup ri autour de moi. Ils ont même fait des photos. Au lit ! « Il est mort pendant son sommeil. » Tentant.

Déjà, l'hiver dernier – ça, c'est une autre histoire – ils m'avaient fait peur, à l'hôpital. Toux, fièvre, grosses fatigues. Radios. Ce crétin de pneumologue qui me dit :

« Ça peut aller de la simple inflammation à la tumeur. »

Scanner. Le premier, malgré mon âge avancé.

À la fin de l'opération, je demande au spécialiste :

« Est-ce qu'on peut écarter le pire, docteur ? »

Lui, sourire sardonique :

« On ne peut jamais écarter le pire, monsieur. »

Salaud ! Depuis longtemps, je sais que le pire n'est pas la mort mais la peur de la mort. Et ces salopards s'amusent à nous faire peur.

J'ai changé d'hosto, on m'a rassuré. Pas de tumeur en vue pour l'instant. Me voilà provisoirement réconcilié avec le corps médical. Pour ma famille et pour moi, j'en aurai rencontré des toubibs ! De tous acabits. Je me console des uns avec les autres. Molière a écrit *Le Médecin malgré lui*, je me serai contenté de croiser un certain nombre de médecins malgré moi.

Bulletin de santé, suite et fin. Hépatite C. Diagnostiquée il y a quelques années, mais le professeur V. – un bon, celui-ci – m'encourage à ne pas exagérément m'en effarer. On surveille mes transaminases qui font du yoyo. Peu probable, mais possible emballement qui déboucherait sur une cirrhose ou un cancer du foie. Le professeur voudrait tenter un traitement à l'Interféron pour chasser définitivement le virus. Il m'avertit que ce traitement peut être épuisant. Une année sabbatique serait la bienvenue. Financièrement déraisonnable. Famille explosée mais coûteuse, pensions tous azimuts, frais incompressibles. Deux films à faire pour la télé. Pas les moyens – pas le droit – de refuser. Qui vivra verra.

Changement d'axe et de lumière. La semaine dernière, en fin de journée d'un tournage provincial, au moment de reprendre ma voiture, je me surprends à interpeller une jeune femme occupée à fermer boutique à hauteur de mon véhicule. Le matin, mal réveillé, je m'étais garé au hasard dans cette rue commerçante. Et là, au moment où je fais un zoom sur le joli petit cul de la demoiselle, je panote sur la vitrine et découvre, en lettres énormes, la raison sociale de l'établissement : « POMPES FUNÈBRES ». Bien fait pour moi ! Éros et Thanatos, vieux compagnons, salut !

(Surgit le souvenir d'un ami, massacré par un fulgurant veuvage, à qui, dans le même genre de bastringue, on avait essayé de coller un cercueil hors de prix et qui avait – humour ébène – rétorqué : « Oh, vous savez, un rien l'habille ! »)

La mienne, la marchande – elle s'est retournée, elle est très belle – gagne donc sa vie dans la mort des autres. Au premier regard, je décide que ce n'est pas son emploi. Je m'entends lui dire : « Qu'est-ce que vous foutez là-dedans ? Les pompes funèbres, ça vous va pas du tout ! »

Je l'ai carrément draguée. Pas mon truc, ça. J'ai des excuses. Inès, ma femme bien-aimée, la mère de mes deux derniers enfants, m'a plaqué pour un autre, il y a neuf ans. Je ne m'en console pas mais, comme le chante mon cher Brel, il faut bien que le corps exulte. Elle s'appelle Sandrine, elle a vingt-neuf ans, silhouette et sourire enthousiasmants, licence de droit, rêve d'écrire pour le cinéma, de faire l'actrice, mais ses parents l'ont kidnappée pour qu'elle les aide à gérer leur sinistre négoce. Le lendemain de notre rencontre, nous avons passé la nuit ensemble. Il n'est pas exclu que je sois amoureux.

L'apnée du sommeil, Papa, je savais vaguement (sans les détails – charcutage de la langue et mort subite du nourrisson géant), mais tout le reste, les poumons et le foie sous laser et l'âme en phase terminale… Plus prolixe à l'écrit qu'à l'oral, mon cher père. Ou alors tout est faux. Ou bien tu exagères pour nous foutre les jetons, devinant bien, nous connaissant, que l'un de tes enfants tombera sur ton faire-part. Merci. Et bravo pour ta conquête. Raffiné comme tu es, tu finiras bien par la convaincre de baiser dans un sarcophage, la croque-morte. Mais est-ce qu'elle existe, celle-ci aussi ? Marre de ton cinéma, soudain. Bonne nuit, Papa.

Elle, Inès – Leïla, en deuxième prénom –, moi, David. Pendant quinze ans, un couple. Un vrai. Moi, juif ashkénaze, elle, arabo-andalouse.

Et nos enfants, Charlotte et Alexandre, par le hasard de la désectorisation scolaire, élevés dans la chrétienté. Tranquille bras d'honneur aux affrontements communautaristes importés du Moyen-Orient et qui bouffent la couche d'ozone de la planète entière. (Alexandre a même failli s'appeler Abdel Kader mais Joséphine, sa grand-mère maternelle ibérique, s'y est violemment opposée : « Avec un prénom comme ça, il trouvera jamais de travail ! »)

Inès – Leïla, pour moi –, que nous est-il arrivé ?

Je n'ai pas rêvé : pendant vingt ans, nous nous sommes aimés, non ?

Moi, je t'ai aimée. Même séparé, amputé de toi, je t'aime encore. Je t'aime. À mourir.

Notre rencontre. Tu te souviens ? Je venais de réussir mon premier long-métrage, couvert de récompenses dans plusieurs festivals et on m'avait collé dans le jury d'un concours de jeunes acteurs auquel tu participais. Et, chez les filles, tu avais gagné. Double victoire : j'avais voté pour toi.

Après, tout s'embrouille un peu, dans ma tête.

Tu étais si mignonne avec cette longue natte brune qui glissait sur ta nuque. Tes grands yeux noirs émerveillés autant qu'épouvantés par ce qui ressemblait à un succès.

Tu avais dix-neuf ans et demi et moi, le « vieux », je venais d'en avoir trente. Coup de foudre. Très vite, les enfants, les films ont encore un peu plus cimenté notre couple. Joies, angoisses et chagrins partagés. Tu me trouvais émouvant et drôle. J'étais fasciné par ton talent et ta beauté. Il était exclu que le rôle principal d'un de mes films soit tenu par une autre. C'était à nous. Fait maison. Et, pour moi, jusqu'au bout comme ça. Avec nos deux nains qui poussaient entre nos pattes.

Et puis ce film pour le cinéma. Le dernier. Le maudit. Doublement maudit pour moi. Le producteur qui se tire avec la caisse en plein tournage. Toi qui te fais la malle avec le chef-opérateur. Trop, comme disent les jeunes. Il faut bien admettre que, avec le temps, amour-cœur intact – je parle pour moi – mais, côté libido, ce n'était plus vraiment ça entre nous. Le soir, au lit, tu lisais beaucoup. Et puis, tu éteignais en bâillant. L'idée du « devoir conjugal » n'étant pas inscrite à mon répertoire – le viol encore moins –, nous sommes doucement devenus cousin-cousine. Ça m'avait même inspiré une phrase sur le mariage, à caser quelque part : « Quand je lui ai demandé sa main, je ne savais pas que j'aurais autant besoin de la mienne ! »

J'espère que ton taureau des Alpilles t'aura réveillée.

Ces notes jetées en vrac, sur feuilles volantes, à temps perdu, pourquoi ? pour qui ? Pour moi, sans doute. Façon, avant de la quitter, de me raconter ma vie.

Prends ton temps, Papa, prends ton temps. Tu as tant de choses à dire. À te dire, à nous dire. Toi qui, si l'on te prend au mot, veux mourir, tu es un grand vivant mon père. Raconte. Dis-nous tout. Écris, Papa. Au train où tu accouches, on en prend au moins pour dix ans. Toujours ça de gagné pour ceux qui t'aiment. Tes enfants, tes amis. Et pour Maman aussi, qui n'est pas ta pire ennemie. Hier encore nous parlions de toi, tous les deux. Affectueusement. Non, Jeff, t'es pas tout seul.

J'ai mal au monde. Dans ce qu'elle a d'un peu pompeux, la formule peut faire sourire. Pas trop vite, les amis, je vais en mourir. Au-delà de motivations plus intimes, c'est aussi de cela que je crève. Quitter au plus vite une planète aussi mal fréquentée. (Je me souviens de Ian Palach qui, face aux chars soviétiques pénétrant dans Prague, s'était, en guise de résistance, fait cramer sur une place de la ville. Il avait dû lire Camus, lui aussi.)

Tout ce sang versé pour rien. En Irak, en Afghanistan, en Palestine, en Israël, au Liban on tire, on bombarde de partout et sur n'importe qui. Depuis le 11 septembre benladénien, c'est un festival de l'horreur et de la saloperie. L'essentiel est de tuer, de s'entretuer. La faute qui pousse à la faute. Quelqu'aversion qu'ait pu m'inspirer un Saddam Hussein – belle idée de l'avoir pendu en gros plan, un grand pas vers la paix ! – ou que m'inspire aujourd'hui ce maboul d'Ahmadinejad et aussi juif que je sois, je ne parviens pas à soutenir inconditionnellement les dirigeants américains et israéliens, comme le font avec tant d'allant, dans leur croisade anti-arabe, certains Juifs de France. En Amérique, en Israël, des voix s'élèvent – et non des moindres – pour condamner cette boucherie, mais pour les adeptes de Glucksmann et de Finkielkraut, Bush a raison, Netanyahu, Sharon, Olmert ont eu raison, et Clinton et Rabin ne pouvaient qu'avoir tort.

Je ne suis décidément pas contenu dans ma judéité. Bien loin de ce médecin de « confession israélite » – encore un autoproclamé copropriétaire de la mémoire de la Shoah – qui se gargarisait, dans un dîner parisien, du départ de son fils sur le front israélo-palestinien. Et lui qui reste là, à faire le beau dans les soirées branchées, à des milliers de kilomètres des risques mortels pris par son gosse ! Qu'Alexandre en fasse autant et je me loue un studio au bord d'un *check point* pour surveiller à la jumelle le théâtre des opérations...

Ça veut dire quoi, juif ? La mère de ma première femme, juive allemande, d'une méchanceté pathologique – beaucoup plus allemande que juive –, tellement allemande qu'à Auschwitz on lui aurait confié les clés du camp pour qu'elle surveille ses camarades !

Juif. Musulman. Chrétien. Solidaire de personne. Solidaire de tous : homme par homme, femme par femme.

Al-Qaïda, Hamas, Hezbollah, Tsahal (pour les intégristes chrétiens bushistes, il n'y a pas de nom), je les réfute et je les plains. Tous les cons de Dieu. Infoutus de comprendre qu'on ne peut faire la paix qu'avec son adversaire. L'Occident et ses affidés, imperméables à toute autocritique, tellement persuadés d'avoir à convaincre, par le feu et par le sang, ce méprisable Orient vissé à ses traditions ancestrales de leur définitive supériorité. Et dans ce dialogue imbécile, œil pour œil, dent pour dent, ça explose également à Londres, à Madrid, à Rome et demain à Paris et, lutte contre le terrorisme oblige, tous les Bush, les Berlusconi, les Poutine, les Blair et notre irrésistible Sarkozy s'en seront donné à cœur joie dans la culture de la parano populaire. Je sors du film. Courage ! Salut à tous.

Pas si vite, Papa. Nous avons encore des choses à nous dire. Dans l'inventaire en forme de réqui-

sitoire que tu dresses contre tous les faiseurs d'apocalypse, tu as oublié quelques éléments du dossier que je connais bien pour en avoir si souvent parlé avec toi au cours de nos tête-à-tête. Nous sommes très liés, mon père, ne l'oublie jamais, il m'arrive aussi de désespérer en chœur. On me dit assez que je te ressemble. Notre seule vraie différence est une différence d'âge. Eh oui, je suis plus jeune que toi, Papa. C'est assez fréquent chez les fils. Je sais bien que c'est en père de tes enfants mais aussi de tous les enfants du monde que tu serais porté à vouloir expier tous les crimes que tu n'as pas commis.

Les ambiguïtés du 11 septembre 2001, les incroyables accointances entre les Bush et les Ben Laden – moi aussi, j'ai vu les films de Michael Moore ! –, c'est pas toi. Les mensonges d'État, les folies pétrolières, armurières, les mines anti-personnel, c'est pas toi. Guantanamo, Abou Ghraib, c'est pas toi. Les rapports Nord/Sud, le Rwanda, le Darfour, c'est pas toi. Cana, Gaza, c'est pas toi. Ben Ali, Bouteflika, Khadafi, Omar Bongo, pas toi non plus.

D'accord sur le diagnostic, mais très réservé sur le verdict. Au-delà de l'irréparable chagrin infligé à ceux qui t'aiment, quel sens aurait donc, face à ce génocide des corps et des âmes, la sanction d'avoir à t'assassiner toi-même ? Tu as trop lu Cioran, mon cher. De l'inconvénient d'être né, certes. Mais, pardonne-moi, il arrive que, personnellement, j'y trouve quelque fugitif avantage. Quand je baise une fille qui me plaît, par exemple.

J'aime écrire. De plus en plus. Je vois défiler en accéléré les images fortes de mon existence. Une bande-annonce, en somme. Une politesse vis-à-vis de mes proches. Mon fils, mes filles. Alexandre, Charlotte ; et Sarah, mon aînée. Si beaux, si futés, si sensibles. Si différents aussi. Et si agaçants, parfois. Alexandre, du haut de sa toute neuve carrière de jeune acteur « bankable », ne consent à jeter un œil sur quelques-uns de mes téléfilms que si je les lui enregistre en DVD. Petit con. Et les deux princesses, si tendres avec moi. Mais d'autres hommes à présent, dans leur vie. Ce moment, tant redouté par les pères amoureux, où les filles se mettent à vivre cul par-dessus tête. *That's life*. Je n'ai pas à me plaindre d'eux, globalement. Beaucoup d'amour. Beaucoup d'humour. Tous les trois. Ils ne font pas partie de la meute de mes meurtriers. Au contraire. Si j'hésite encore à passer à l'acte – oui, j'hésite –, c'est pour ces trois-là. Je sais déjà, en bon père juif, que lorsque je vais dégager ça ne passera pas inaperçu, dans le kibboutz. Et pourtant.

Quand je vois ma mère, si belle autrefois et au-delà de ses soixante ans, si pathétique aujourd'hui qu'elle en a quatre-vingt-deux. Grabataire, gisante couverte d'escarres, un vieux bébé qui fait pipi-caca dans ses couches.

« La vieillesse est un naufrage », avait clamé de Gaulle. Moi, plus radical, j'aurais tendance à sauter du *Titanic* avant de cogner dans l'iceberg pour me noyer tout seul.

Quelqu'un qui n'est pas de Gaulle mais une simple personne de ma connaissance a dit : « Vieillir, c'est le meilleur moyen qu'on a trouvé pour ne pas mourir. » J'ajoute, moi : « Et inversement. »

Lettre retrouvée, écrite à Leïla quelque temps avant qu'elle ne m'abandonne pour celui qui la faisait si belle à l'image. Jamais envoyée.

« Hier, au moment de nous coucher, tu m'as avoué que tu n'aimais plus beaucoup faire l'amour. Dur. Lorsqu'on est atteint, comme je le suis, d'une certaine susceptibilité affective, difficile de ne pas entendre : "avec toi". Sorte de licenciement sexuel. Que tu n'aies jamais été, depuis le début, ce que familièrement on appelle un “bon coup” ne m’avait pas échappé. Plus le temps passe et plus les préliminaires semblent seuls quelque peu t’émouvoir. Certains soirs de ces années-ci, j’ai souvent eu la sensation, au cours de nos “câlins”, de ta part si peu réactifs, de basculer dans la nécrophilie. J’exagère à peine. En de déjà lointains après-midi d’été, ça ne nous a pourtant pas empêchés de très gaiement concevoir Alexandre, puis Charlotte. Tu me plaisais tellement. Je ne t’étais pas totalement indifférent, semble-t-il. C’est avec le temps et confronté à cette tenace inappétence que j’ai fini par me dire que le couple que nous formions, apparemment si harmonieux, si fusionnel, qui enchantait tant nos amis et relations, aurait pu m’inspirer un scénario doux-amer intitulé “La Comédie du bonheur”. Malgré l’amour absolu que je te porte, je ne suis pas heureux, Leïla. Et toi ?

« De loin en loin, aussi rarement que possible – mais tout de même, il fallait bien mettre à l’épreuve mon supposé pouvoir de séduction ! –, j’ai eu quelques liaisons passagères. Très agréables. Très excitantes. Avec de jeunes et jolies dames extrêmement imaginatives. Au risque de te surprendre, je suis un amant très apprécié. Si tu le sollicitais, je pourrais te présenter un CV assez convaincant. Et ne t'en déplaise, ces filles ne sont pas toutes des putes. Le désir crée le désir. Je t'ai trompée à mon corps défendant. Joyeux anniversaire, ma chérie. David. »

C'était pour nos douze ans de mariage. Missive cachée entre les pages d'un roman de Dostoïevski. Je déchire.

Déchire, Papa, déchire. Pour moi, qui suis votre fils à tous les deux, classée X, ta lettre. Même si l'homme que je suis devenu peut compatir au secret mal-être d'un autre homme qui est mon père. Mais voilà, celle qui semble t'avoir fait souffrir est ma mère. Si j'allais prendre l'air, moi ?

Fait divers. En feuilletant la presse du jour en diagonale, plus que les protestations de probité de Kouchner, Lang et Strauss-Kahn ou le numéro d'illusionniste de Sarkozy, je retiens l'histoire de cet employé de Peugeot, à Mulhouse, qui s'est pendu dans son atelier. Sixième suicide dans la boîte depuis le début de l'année. On ne dit pas son nom dans les gazettes. Juste un prénom : Mario. Bienvenue au club, Mario ! Chez PSA Peugeot (on se tue aussi chez Renault), ils ont mis en place un numéro vert d'écoute psychologique pour savoir si ces actes de détresse récurrents ont un rapport avec les conditions de travail dans l'entreprise. Judicieuse question. Le syndicat FO souhaite – je recopie l'article de *Libération* – « une augmentation du nombre d'assistantes sociales, limité à trois actuellement pour une usine de dix mille cinq cents salariés. La CGT, persuadée que la charge de travail, le stress, les suppressions d'emplois pèsent sur les salariés, qui ne savent plus à quel saint se vouer, réclame un plan d'urgence et particulièrement l'arrêt des pressions sur les salariés malades ». Fermez les guillemets. « Comment va le monde, môssieu ? Il tourne, môssieu », affichait en titre une de mes pièces préférées de François Billetdoux.

Si je n'étais pas moi-même si mal en point, je décrocherais une caméra pour aller interroger les dix mille quatre cent quatre-vingt-quatorze survivants. Mais sous Sarkozy – travailler plus pour gagner plus – je ne vois pas une seule chaîne, publique ou privée, oser diffuser mon documentaire. Au fait, ça date de quand *Les Temps modernes* ? Chaplin, reviens, ils sont devenus pires.

Puis-je intervenir, Papa chéri ? Je viens de lire et relire tes derniers gribouillis : au premier degré, lugubres, mais toi tu vas mieux. En te souciant de la mort des autres, tu reviens à la vie. Je te retrouve. Cette propension à t'identifier, cette fraîcheur dans la colère contre toutes les maltraitances, toutes les mauvaises manières vis-à-vis des plus fragiles, c'est toi, ça. Tel qu'en toi-même depuis toujours. Et pour toujours, si tu le veux. Insiste, s'il te plaît. Pas le moment de débander. (À propos, pardon pour la frivolité de ma question – première fois depuis des mois que je suis d'aussi bonne humeur ! – : est-il vrai que la pendaison provoque une érection pouvant même déboucher sur l'éjaculation ? Ça rendrait la mort plus joyeuse...) Je sais bien qu'à la seconde où j'écris mes bêtises tu peux déraper dans le ravin du désarroi. Et il ne m'échappe pas que, en t'approchant des employés suicidaires de l'industrie automobile, tu ne te défais pas de ton inguérissable narcissisme, non, c'est encore de toi qu'il s'agit. Je prends peut-être mes désirs pour des réalités mais, à mes yeux, une petite lumière vient de se rallumer. Je veux te garder, Papa. Reste avec moi, reste avec nous. Dans tous les cas, si tu replonges (on ne dit plus cyclothymique aujourd'hui, on dit bipolaire), au premier signe noir j'interromps ce jeu de fous entre nous et je te parle. Les yeux dans les yeux. Si tu veux mourir, c'est moi qui t'étrangle. On m'accusera de parricide et je plaiderai l'euthanasie. Tu m'as donné la vie, je t'offrirai ta mort.

Je sors de chez ma mère. Lessivé. La vieille est au plus bas. Lorsque je suis entré dans sa chambre tout à l'heure, elle m'a souri comme une petite fille. Aucune pose, aucune mondanité dans cet accueil. Plus la force, plus le temps. Je lis dans ses yeux : « Au moins, lui, il ne m'abandonne pas... comme les autres. » Comme la plupart des autres, oui, qui s'affairaient tant autour d'elle quand elle était plus jeune, plus belle, plus riche. Dans ce rien de conscience qui lui reste avant de passer de l'autre côté, elle reconnaît ceux qui s'approchent encore – il n'y a pas foule – en lui voulant du bien. L'hiver dernier, après l'une de ses innombrables chutes qui sont son ordinaire à présent – la plus vieille cascadeuse de Paris ! –, elle s'était classiquement fracturé le col du fémur. Durant des semaines, plus un geste, plus un mot. Rien. Déjà morte. Un soir où je m'étais rendu, cœur serré, à son chevet, au moment de quitter la pièce sur la pointe des pieds, j'entends tout bas : « Je t'aime. » Je me retourne et presque en blaguant, je lui murmure : « Si tu m'aimes, lève-toi et marche ! » Effrontément christique. Le lendemain, elle galopait dans l'appartement. Cette femme m'épate. Moi qui milite activement pour « le droit de mourir dans la dignité », celle-ci, ma vieille, je veux me la garder encore un peu. Égoïstement. Le sursis que je me refuse à moi-même, je le lui accorde à elle, ma mère. Maman. Ce ne fut pourtant pas constamment idyllique entre nous. Comme toute mère juive qui se respecte, elle n'a pas toujours résisté à la tentation de l'envahissement. Woody Allen et Philip Roth ne sont jamais très loin, chez nous. Mais pour ce qui est du bruit qu'elles font, les mères ashkénazes, quand elles ont eu la chance de ne pas naître allemandes, sont généralement plus fréquentables que les séfarades. (Petit correctif : j'ai rencontré quelques femmes juives d'origine algérienne, tunisienne ou marocaine extrêmement raffinées.) La mienne, mon Ashkénaze à moi, maintenant que nous en sommes à l'épilogue et bien que le spectacle de sa déchéance physique et mentale soit au centre de ce qui me décourage de vivre, plutôt crever – façon de parler ! – que de la laisser aux mains de ceux qui, de loin, ne rêvent que de la faire incarcérer dans une maison de retraite pour accélérer le processus.

Judith, ma petite sœur, c'est à toi que je parle. C'est à toi que je pense. S'il te plaît, sois plus gentille avec Maman. Rassure-toi, elle va mourir bientôt. Tu t'impatientes et du fin fond de son purgatoire, elle le sent. Pour t'éviter sa rancune, j'ai fait en sorte qu'elle ne sache pas (j'ai même demandé à ses deux gardes-malades de la boucler) qu'on t'avait nommée responsable de sa tutelle. Dont tu fais un si déplaisant usage. Son champagne préféré, terminé, trop cher – je lui en fais régulièrement livrer quelques caisses –, le téléphone bloqué sur répondeur automatique, plus économique, même son médecin n'arrive plus à la joindre, etc. Je ne m'attarderai pas sur l'inventaire de tes mesquineries. Tu es même allée jusqu'à ordonner aux deux nounous intermittentes : « Arrêtez de lui donner à manger ! Laissez-la mourir tranquille ! » Vision très personnelle des soins palliatifs. Tu me navres. Comme le notait un écrivain que tu n'as sûrement jamais lu : « C'est un grand avantage de n'avoir rien fait. Encore faut-il ne pas en abuser. » Après une carrière éclair de monteuse de cinéma – cinq ans, entre vingt-cinq et trente ans – que tu me devais largement, tu auras été la plus jeune retraitée de France. Michetonneuse. Michetonneuse de tes propres parents. La voilà, ta vraie vocation ! Argent liquide, donations, maison avec piscine dans le Lubéron, tu auras tout obtenu, excepté l'estime de toi-même. Au début, ton cirque m'amusait. Je n'avais pas un grand respect pour le fric, plus ou moins douteux, amassé par ton père qui n'était pas le mien. Lui parti, c'est notre mère qui a raflé la mise, gérant ce pactole qu'elle n'avait pas volé – il fallait se le fader, ton vieux – avec une fantaisie dont j'admets qu'elle pouvait être irritante. Elle payait pour tout. Tout le monde. Les enfants – toi, pas moi –, les amis, les amants…

Vous vous êtes bien servis, tous. Aujourd'hui, relativement ruinée – restent tout de même un appartement à Paris, un petit appartement à Cannes, deux parkings, un studio dans le même immeuble et des comptes bloqués qui traînent va savoir où –, la voilà seule. Depuis ta Provence, en tutrice tendance kapo, tu traites à la cravache le maigre quotidien de cette demi-morte, et moi qui n'ai jamais rien demandé, qui ne demanderai rien, je suis là et bien là pour la protéger, au-delà des offenses du passé, maintenant qu'il y a prescription, et je l'aide, ne t'en déplaise, à finir ses jours et ses nuits chez elle. Dans la dignité. Et je t'emmerde.

Un partout, Papa. Tu as peur de perdre ta mère et moi, j'ai peur de te perdre, toi, mon père. Où la bataille n'est pas égale, c'est que ta mère partirait de mort naturelle alors que mon père veut carrément devancer l'appel. Le positif de la situation, si je t'ai bien lu, c'est qu'en galant homme tu lui tiens la porte et tu t'effaces pour la laisser passer la première. Où la bataille n'est vraiment *pas égale, c'est que moi, dans l'histoire, je perds* et *ma grand-mère* et *mon père.*

Il ne reste plus qu'à souhaiter à la vieille de s'attarder jusqu'à cent ans. D'ici là, avec le sens du rythme que je te connais, ça va te sembler longuet, ton suspense. Tu auras peut-être rencontré une fille jeune, intelligente et belle comme tu les aimes, qui t'aura redonné le goût des saisons. À propos, tu ne nous dis plus rien de Sandrine, la petite pompeuse funèbre. Je vais fouiller dans tes carnets pour l'appeler au secours, celle-ci. Pour une fois qu'elle pourrait s'intéresser à un cadavre encore vivant…

Michel Serrault est mort. Je suis accablé. Très jeune, au temps où j'étais assistant stagiaire, je l'avais timidement approché pendant le tournage d'un film alimentaire et il m'avait fasciné. Drôle, imprévisible, « à la ville comme à la scène », il était véritablement tordant. Au théâtre, *La Cage aux folles* avec son partenaire et ami Jean Poiret – superbe, lui aussi – puis au cinéma avec l'époustouflant Tognazzi – disparu avec les autres, Sordi, Gassman, et mon cher Marcello, mon préféré, que j'ai eu le bonheur de côtoyer –, tous ceux-là ont puissamment contribué à changer le regard un peu hautain que l'on porte trop souvent sur la comédie. Ils savaient faire rire mais aussi faire pleurer. Inoubliables.

Aujourd'hui donc, Serrault. Parti, lui aussi. Pour toujours. Hier, c'était Noiret, Cassel, Brialy. Génocide générationnel. Beaucoup plus jeune qu'eux, je les ai tous croisés, calfeutré dans mon anonymat d'alors. Devenu réalisateur relativement estimé, j'ai souvent rêvé d'eux pour un rôle, sans jamais oser les aborder. Trop tard. Lu je ne sais plus où que Serrault, quelques secondes avant sa sortie, avait souri. Quel talent ! Catholique pratiquant. En athée tolérant, il me faut bien admettre que cette foi qui m'est refusée doit aider certains à vivre et à mourir.

Et Bergman, le grand Ingmar, mon maître de Farö qui s'efface, le lendemain, sur un fondu au noir. Le même jour, Antonioni. Été pourri. Le ciel est en larmes. Dans les journaux télévisés d'ici, le Suédois et l'Italien, salués en étrangers, au minimum syndical. Serrault a eu raison de mourir en France.

De Bergman à Serrault, d'Antonioni à Brialy, le spectre est large mais vous me manquez déjà, tous. À bientôt.

En me baladant sur Internet, déniché presque par hasard la liste des « suicidés célèbres ». Un Who's Who de la désespérance. Socrate, Primo Levi, Marilyn Monroe, Romy Schneider, Jean Seberg, Patrick Dewaere, Stefan Zweig, Gilles Deleuze, Guy Debord, Bruno Bettelheim... Quelle distribution ! Ils les ont entassés par ordre alphabétique : Pierre Bérégovoy, Jean-Louis Bory, Mike Brant, Dalida, Romain Gary (« Je me suis bien amusé »)... Et puis en vrac, la bande des nazes : Goebbels, Göring, Hess, Himmler, Rommel et leur très cher Führer, Adolf Hitler *himself*, qui, dans son bunker, nous a mis en scène un suicide romantique à la Mayerling en compagnie de son inséparable Eva

Braun. Autour d'Hemingway, Maïakovski, Pavese, Van Gogh, on a également exhumé Cléopâtre, Antoine et Néron. Beau casting, décidément. Question de néophyte : excepté la volonté de désobéir à Dieu, quoi de commun entre tous ces personnages ? D'Adolf Hitler à Primo Levi, pas de quoi fonder une amicale !

Bien plus d'affinités sensibles du côté des artistes, écrivains, philosophes. Ce que l'irremplaçable Barbara appelait dans sa chanson le « mal de vivre ». Sans trop vouloir me mettre en avant, j'en suis bien atteint, moi, depuis quelque temps.

Je repense à Socrate, soudain. Où peut-on se procurer de la ciguë, de nos jours ? D'après le Larousse, on en trouve aux abords de certains chemins de campagne et à l'intérieur de décombres. Comment trouver les bons décombres, à Paris, maintenant que depuis la Libération on a tout reconstruit ? Il y a bien la désolante université de Jussieu, récemment squelettisée, mais chez eux c'est plutôt l'amiante, le poison-vedette. Et le bruit court que dans les cas incurables – rien n'est garanti –, ça n'a d'effet qu'au bout de vingt ans. Mauvais plan.

Il y a aussi le cyanure, plus contemporain, mais, pour en obtenir, mieux vaut – j'ai enquêté –

appartenir au réseau médical américain. Pas si simple.

Bonne nuit, David.

Bonjour, Papa. C'est Charlotte. Ta fille cadette. Tu te souviens ? Alex a craqué. Je le sentais bien sombre, ces temps-ci. À la ville, tu es meilleur comédien que lui. Il a fini par me parler. Je vous ai lus. Tous les deux.

Sur la forme, votre dialogue de sourds est assez réussi, incontestablement original, même. Si je n'étais pas impliquée jusqu'au sang dans cette histoire, je trouverais même tout cela assez excitant. Pour ce qui est du fond, tes obsessionnelles variations sur la mort volontaire, si par malheur nous sommes dans la réalité, comme je le crains, et non dans la fiction, il serait permis de considérer que tu tires honteusement la couverture à toi, vieux gamin. Tu as à peine dépassé la cinquantaine et te voilà déjà à cafarder inlassablement sur le temps qui reste. Tu n'as pas honte ? Tu nous parles de ta mère (moi aussi, je l'aime beaucoup, Mamisha) mais nous, tes enfants, moi, ta fille, oui, moi, est-ce que tu y penses ? Oui, tu y penses, je t'ai bien lu, mais tu t'accommodes assez bien de la déflagration que ta mort – ta mort ! – provoquerait en nous, en moi. Moi, oui, moi – les deux autres, je ne suis ni leur psy, ni leur avocate…

Mais toi, le premier homme de ma vie – salaud, tu me fais pleurer –, es-tu conscient que, en te tuant, tu me tues ? Pour tes soucis de santé – apparemment tu y survis –, refais-nous un check-up, une bonne fois pour toutes. Et vis, connard ! Pardon de m'immiscer un peu violemment – je ne m'attarderai pas dans votre jeu – mais j'ai peut-être mon mot à dire, à écrire, moi aussi. Si c'est un livre, un scénario ou je ne sais quoi de professionnel, ça manque de filles, votre histoire. Pardonne-moi mais, un peu comme Alexandre au début de votre hallucinante « correspondance », je navigue entre le chagrin et la colère ! Et l'ironie, aussi. (À propos, pour la ciguë, essaie le marché bio du boulevard Raspail. En matière de végétaux, on les dit assez bien achalandés !)

Pardon, Papa. Je suis injuste. Tes inquiétudes de santé, je ne les prends pas à la légère. La spirale de tes obligations financières non plus. Et il y a le reste. Maman, d'abord. Le départ de Maman. Nous étions si bien ensemble, tous les quatre. Nous y avons cru, nous, Alexandre et moi, à ce que, rageusement, tu appelles à présent votre comédie du bonheur. Mystères de l'amour. Encore trop jeunes, trop petits pour comprendre.

Et vous êtes nos parents. Bons parents. Vous nous avez bien tenu la main. Merci. Je suis malheureuse. Et toi, mon pauvre Papa, j'en suis bien consciente, ça t'est tombé dessus comme à Gravelotte. La séparation, la dégradation. Ta femme, ton métier. De Maman à personne. Du ciné à la télé. Pas gai, non. Comme l'écrit ton cher Romain Gary, tu es devenu un ci-devant. Pas juste, non, pas juste. Les films que tu as faits, bien avant ma naissance, je les ai tous vus depuis, ils sont magnifiques. Et dans les rôles que tu as inventés pour Maman, elle est somptueuse. Je suis si fière de vous. Quelques torts que vous ayez eus, l'un ou l'autre, l'un et l'autre, je me refuse à juger. Vivez ! Toi, l'homme blessé, vis, par pitié. Pour moi. Pour Alexandre qui, pauvre vieux, en consignant les mots écrits par toi, par lui, tient le registre du malheur annoncé. Tu nous as si souvent répété : « L'avantage du pessimisme, c'est qu'on ne peut avoir que de bonnes surprises. » Surprends-moi, s'il te plaît. Moi aussi, j'ai mal au monde. J'ai mal à toi, aussi, maintenant. Je t'aime. Ta fille, Charlotte.

Oui, Papa, j'ai fait lire à Charlotte. La voici parmi nous. Ne manque plus que Sarah. Elle lira aussi. Peut-être même qu'à son tour elle écrira, je taperai le tout sur ordinateur et je te l'expédierai. Qu'enfin tu sois en possession de toutes les informations, étranger que tu es à ta propre histoire. Tu me fais penser à un acteur qui ne saurait que son texte en ignorant les répliques de ses partenaires. Tu te croyais dans un monologue et ça tourne au happening. Demain, j'appelle Sarah.

Eh bien voilà, c'est fait, il m'a appelée. Lu le synopsis du méchant film dont, pour une fois, mon père est la vedette. J'y entre à contrecœur tant je partage, en aînée, les sentiments contrastés d'Alexandre et Charlotte. Je me suis si souvent vécue, depuis quelques années, en fille facultative… Qu'ajouter à ce qu'ils écrivent, pauvres gosses, tellement affolés, tellement désespérés par son désespoir à lui, badauds impuissants face à l'accident mortel prémédité par leur père… Moi aussi, je suis ta fille. Et bien que largement plus adulte, je me sens aussi désarmée. À la demande d'Alexandre, je n'accepte de participer à ce singulier conseil de famille qu'à la condition que tu y entres toi-même, après nous avoir lus et entendus, nous. Puissions-nous te convaincre de t'attarder encore un peu avec ta tribu. C'est la seule justification de cet exercice d'écriture obligé auquel nous nous soumettons tous les trois, chacun son tour, chacun son style.

L'écriture. Ce virus-là, tu nous l'as bel et bien refilé.

Plus jeune, quand nous nous voyions plus souvent, après la mort de ma mère, je me réfugiais en toi. Je me souviens même t'avoir dit que tu étais mon arbre. Te voilà transformé en saule pleureur. Elle est loin, cette phrase de Woody Allen qui nous avait tellement fait rire : « J'ai été élevé dans la religion hébraïque mais je me suis converti au narcissisme ! » Quelques années plus tard, c'est tout à fait toi, ça, Charlotte a raison, que tu le veuilles ou non. Je respecte évidemment les raisons de ton « mal de vivre », mais je ne supporte pas de te voir t'enfouir dans cette délectation morbide, tisonnant jusqu'à la folie les braises de ton blues ontologique. (Comment j'écris, moi ?... Tu vois que tu es contagieux !) Basta cosi. *Ça suffit. Ce sera ma première et dernière participation au feuilleton. La prochaine fois, c'est un dîner chez toi, tous les quatre. Et nous nous mettrons à table. En espérant, au dessert, quelque douceur. Bonsoir, David. Prends soin de toi. Sarah.*

Encore sous le coup d'une scène très violente avec Alexandre. Je le savais cyclothymique, mais celle-ci, je ne l'ai pas vue arriver. Sous prétexte que je me suis permis d'émettre quelques réserves sur le scénario d'un film qu'il doit tourner en septembre, le voilà qui enfourche ses grands chevaux, à la limite de me frapper. Il prend des risques, lui. Qu'est-ce qu'ils ont, tous, en ce moment ? Aperçu Charlotte et même Sarah – ça c'est un événement – très à vif, elles aussi. Nous partons tous en vacances. Séparément. Il était temps. Je vais rejoindre des amis en Corse, à Saint-Florent, pendant une quinzaine de jours. Il paraît qu'il fait très beau. Bon à prendre. Reçu un coup de fil de Sandrine, ma petite amie de Clermont-Ferrand, que j'avais un peu négligée, depuis quelques mois. Comment a-t-elle eu mon téléphone ? Mystère. Elle va peut-être m'accompagner en Corse. Ravi. Elle me plaît.

Tant mieux. Bonnes vacances, Papa... Le soleil corse va peut-être te redonner des couleurs. Destinations différentes mais Charlotte, Sarah et moi, nous allons aussi nous dorer la couenne en Méditerranée. Bien besoin de changer d'atmosphère après l'hiver que tu nous as fait passer.

En cette fin d'un vilain mois d'août, je prépare ton dossier pour notre dîner de septembre. D'ici là, amuse-toi bien, Papa, avec ta camarade. Baise, bronze, nage. Sois prudent, tout de même, eu égard à tes soucis de santé – j'ai tout noté –, évite la plongée en apnée. Je t'embrasse fort, mon père adoré.

Bonne Corse, Papa. Moi, je vais faire un reportage sur les répétitions d'une nouvelle pièce, au Théâtre national de Nice. Tu le sais, je raffole du vieux Nice. À bientôt, Papounet. Je t'aime. Charlotte.

Moi, je m'envole pour la Grèce avec mon mari dont tu te fous et mes deux enfants dont tu te contrefous. De ça aussi, nous parlerons un jour. Bises. Sarah.

Avant d'aller vers la lumière, je retourne à la nuit. Visite à ma mère pour l'avertir de mon absence et l'embrasser. Son état de santé ne s'améliore pas. Ni ne décline. Stationnaire. Cet adjectif semble avoir été inventé pour elle. Stationnaire. Clouée au lit depuis des mois, elle stationne, en effet. Dans la pénombre de son appartement, tout juste si elle sait que nous sommes en été. Comme à l'accoutumée, passé le court moment d'enchantement dû à mon apparition, elle replonge dans les abîmes de la désolation. De plus en plus sourde, elle s'exaspère de ne pas comprendre les mots faussement légers que j'invente pour tenter de l'égayer. Alors elle se tait. Elle ne rompt le silence que pour me complimenter sur mon étonnant physique. Elle n'entend plus mais elle voit tout. Je sens qu'elle me scrute, en vieille séductrice qu'elle s'obstine à rester.

« Tu as quel âge ? »

Cent fois, mille fois qu'elle me pose la question.

« Cinquante-huit ans, Maman.

– Tu ne les fais pas. Elle te va bien cette veste. Tu es drôlement mince. Comment tu fais ? »

Elle se tourne vers Virginie, l'une de ses deux nounous :

« Tu as vu ça, Virginie, il a même pas de ventre. Tu as quel âge, tu m'as dit ? »

J'articule :

« Cinquante-huit.

– Tu es beau. (*À la nounou*) : Il est beau, mon fils… »

Virginie, polie :

« Très beau. »

Ma mère, m'attrapant la main :

« Je t'adore, toi. Je t'ai toujours adoré. »

Sous cette avalanche de cajoleries, je suis vaguement mal à l'aise. Ce n'est pas une mère qui parle à son fils, c'est une femme qui parle à un homme. Ce n'est pas une mère qui regarde son fils, c'est une femelle qui détaille un mâle.

Elle en a eu, des mecs, de tous genres, la garce ! Et lui, le père de Judith (mon père à moi est revenu d'Auschwitz dans un tel état de délabrement physique et mental qu'il s'est suicidé quand j'avais deux ans), le deuxième mari, avec son harem, il ne s'est pas ennuyé non plus. Mort à soixante-quatorze ans d'une embolie cérébrale, ma mère lui en a fait baver vers la fin. Plus ou moins atteint d'Alzheimer – on ne connaissait pas le nom, en ce temps-là –, sa femme se vengeait en se moquant de lui, en le maltraitant :

« Regardez-le ! Il devient tout rouge. Il est très en colère, là. Il a envie de m'engueuler, comme avant, mais il n'y arrive plus. Ça ne va plus du tout, lui. Regardez comme il devient rouge. L'autre soir, au restaurant, il a eu un malaise, on a été forcés de l'allonger sur le trottoir, j'ai cru qu'il allait claquer à même le sol. »

Je le revois la regardant, impuissant, les yeux exorbités, incapable de se défendre. Terrifiant. Cet homme que je n'avais jamais aimé, je me surprenais à le plaindre.

Et la voilà, elle, maintenant.

Rendez-vous à Orly avec la jeune Sandrine pour le Paris-Bastia de treize heures dix.

La Corse. Premier contact. Face à la mer, sentiment flou de faire du repérage. Ma dernière séquence, c'est dans un décor de ce style que je la projette, depuis des mois. Vacances au bord de la mer. Vacances au bord de la mort. Hier, au dîner, mes amis racontaient que deux jours plus tôt un garçon de seize ans s'était noyé sous leurs fenêtres. À les entendre, en connaisseurs, l'agonie n'est pas aussi douce que je le croyais. Pendant quelques longues minutes lorsque l'eau se répand dans la gorge et la poitrine, on étouffe, on se débat. Décevant. À repenser.

Quoi qu'il en soit, nous sommes très bien accueillis, Sandrine et moi. Décidément exquise, cette petite. Faculté de s'émerveiller bien rafraîchissante. Drôle et rieuse, elle fait un triomphe auprès des quelques copains réunis. J'ai eu tort de m'en priver. Elle me manquait. Pas eu le front d'avouer à la bande de nos joyeux compagnons que, lorsqu'elle n'est pas en Corse, elle usine dans le funéraire à Clermont-Ferrand. Probable que, dans la chaleur de l'été, ça jetterait un froid. Sandrine est d'ailleurs très discrète là-dessus. Elle ne parle que d'écriture et de cinéma. Urgent pour moi de la sortir de ses gerbes, de ses couronnes et de ses pierres tombales.

Vacances, vacances. Cerné par tant de beauté et de légèreté, j'ose à peine m'avouer que je suis bien. Cette fille splendide, au-delà de notre différence d'âge, paraît sensible au rien de charme qu'il me reste. Ne pas exclure le pouvoir érogène du réalisateur de films sur une jeune femme fascinée par cet univers. Mais bon, il y a des attitudes, des sourires, des regards qui ne trompent pas. Ou alors, avant même d'avoir débuté, elle mérite le César du meilleur espoir féminin ! Et puis cette lumière, le vin corse sur la terrasse au coucher du soleil... J'en suis presque à renouer avec l'hédonisme.

Retour à Paris dans une semaine. L'automne, bientôt.

Derniers jours de septembre. Venant d'où je viens, bien du mal à supporter la grisaille de ce dimanche parisien. Sur la table dans l'entrée de l'appartement, la prévisible pile de courrier, factures, journaux, invitations à des projections privées de films dont je me tape, etc. J'aperçois même ce qui ressemble à un synopsis, intitulé « Papa », dans une énigmatique chemise de carton noir. Toute cette paperasse qui m'attend. Qui m'attendra. D'abord y voir clair dans ce que je viens de vivre. Saint-Florent. Sandrine. Sandrine à Saint-Florent. « Que du bonheur ! » diraient les tarés du moment. Immense bien-être, oui, ça oui, indéniablement. Saint-Florent, Sandrine. Deux lumières qui se fiancent. L'harmonie même. À peine rentré, furieuse envie de téléphoner à ma jeune amoureuse pour l'inciter à tout plaquer, Clermont, ses parents et son job à la con, et à me rejoindre au plus vite, là, tout de suite, ce soir. Cette fille m'enthousiasme. Belle, vive, tendre, sensuelle. Irrésistible. Quitte à la trouver insupportable dans un mois, dans six mois, dans un an, elle m'est devenue indispensable. Depuis qu'Inès/Leïla s'est effacée pour toujours un beau matin, l'idée d'une cohabitation néoconjugale ne m'avait jamais effleuré. Mais tout me dit que Sandrine et moi n'avons pas la vie que nous méritons et qu'il est urgent de se rapprocher l'un de l'autre. Depuis neuf ans, je me contente d'amours brèves, de passades… Pourquoi, si elle l'accepte, ne pas tenter l'été en hiver avec cette fille incandescente ? Midi. C'est décidé, je l'appelle. Et, dans la nuit, je lui mitonne un petit rôle pour mon prochain film. Ses débuts. Bien exaltant, tout ça. « Le cadavre bande encore », écrivait je ne sais plus qui. Je confirme. Sans m'attarder sur les érections du cœur.

Il n'a pas lu. J'enverrais bien une botte de chrysanthèmes à sa camarade de jeu pour la remercier du bien qu'elle lui a fait. Est-elle sincère ou prête à tout pour « embrasser la carrière » d'actrice ? Je m'en fous. L'essentiel est qu'à travers les mots qu'il écrit sur elle, cette fille que je ne connais qu'au téléphone ait badigeonné de rose le laqué noir de l'humeur paternelle. Surtout, que personne ne me remercie de l'avoir retrouvée. Attendons la suite.

La suite, mon fils bien-aimé, si tu m'y autorises, c'est moi qui l'écris. En d'autres temps, moi qui ne t'ai pourtant jamais battu, face à ce méli-mélo d'angoisse et d'amour que, par ton indiscrétion, tu as provoqué, pour toi d'abord, puis pour tes sœurs, je t'aurais, sans états d'âme, fracassé tes dents de lait. Pas bien, non. Pas bien. Grosse bévue, mon grand garçon.

Plusieurs mois ont passé. J'ai fini par ouvrir le carton noir. Lu. Vu. Nous sommes au cœur de l'hiver, d'autres soucis récents s'y ajoutant, j'ose à peine reprendre mes nécessaires griffonnages – économie de psychanalyse – mais cette fois-ci mes feuilles volantes n'atterriront pas dans le sous-main de mon bureau. Ou alors volontairement, pour vous donner de mes nouvelles. Et même ce dîner garde à vue que vous avez prévu, j'y suis favorable, pour qu'enfin, bordel de Dieu, nous sortions en riant de cet imbroglio.

Seul point positif de votre bien irritante intrusion dans mon intimité : vous m'aimez. Si j'en avais jamais douté – je suis toujours plus sûr de mes sentiments que de ceux de l'autre – me voilà rassuré. Vous m'aimez. Cette anxiété que, chacun dans votre musique, vous exprimez à l'idée de me perdre m'a bouleversé. Quatre mois pour m'en remettre. Bande d'idiots !

Tout part d'une lecture inexacte que vous avez faite en découvrant ce qu'imprudemment j'avais crayonné (pas un journal, encore moins un testament, non, des notes, des notes informelles, « philosophiques », sur la vie et sur la mort). Une phrase d'Oscar Wilde qui pourrait vous éclairer sur votre insupportable père : « Avec le temps qui passe, le plus difficile n'est pas de se sentir vieux mais de se sentir jeune. »

Alexandre, c'est d'abord à toi que je m'adresse car c'est toi qui, de bonne foi, as déclenché cet ouragan familial. À la réflexion, ma plus grande erreur est de te laisser la clé de mon appartement. Est-ce que j'ai la clé du tien, moi ? Bref. Lorsque j'écris, pour des motifs que longuement je développe, « Aujourd'hui, j'ai décidé de me tuer », toi, tu lis « J'ai décidé de me tuer aujourd'hui ». Non. Trop court, mon chéri. Esprit court. Ni aujourd'hui, ni demain. Un jour. Encore une fois, je choisirai. Si j'en ai le pouvoir. Ne pas sous-estimer les malices du hasard. Pour obéir aux injonctions de Charlotte, j'ai prévu un check-up dans une quinzaine de jours. Selon les résultats – le pire n'étant pas fatal – j'envisagerai la date butoir. (Je viens enfin de trouver un sens à cette expression, date butoir : date à laquelle je me buterai. Ça ne vous fait pas rire ? J'arrête.)

Pour l'heure, si les médecins ne m'avaient pas informé d'imprévisibles lésions dont je suis porteur, je pourrais sans mentir proclamer que je vais bien. Apparemment, l'esprit est plus touché que le corps. Dans mon quotidien social et professionnel, on ne cesse de me complimenter pour mon énergie. Mais voilà, je sais. Et j'anticipe. C'est si vrai qu'au moment où les mauvaises nouvelles de ma santé me sont tombées dessus – ça, vous ne le saviez pas – je suis allé voir un ami, le docteur S., qui m'a promis que, en cas de méchante évolution de mes petites misères et si la situation empirait, il serait auprès de moi afin de discrètement m'administrer les substances qui conviendraient pour sortir en beauté.

Longue vie au docteur S. !

Me revient la déclaration publique d'Henri Caillavet, le créateur de la fameuse Association pour le droit de mourir dans la dignité, qui nous avait terrassés d'émotion, tous. Il racontait comment, avec son frère pharmacien et à la demande de leur vieux père, ils l'avaient assassiné. (Il insistait, par provocation, sur « assassiné ».) Dernière image du vieil homme qui, en guise d'adieux, aurait murmuré en leur prenant les mains :

« Merci, mes fils, je savais que vous m'aimiez. »

Cet automne, Maïa Simon, excellente actrice et délicieuse personne que j'avais engagée pour un film il y a quelques années, se mourant d'un cancer, est partie se faire « assassiner » en Suisse. Bisous, Maïa.

Comme vous le savez, il m'arrive, entre deux fictions alimentaires, de m'aérer les neurones en tournant des documentaires. Dans ce cadre, j'avais approché madame Humbert, accusée d'avoir, avec la complicité du docteur Chaussoy, tué son fils, handicapé à mort, qui l'avait suppliée de l'aider à partir. Cette histoire m'a marqué. L'un et l'autre risquaient une lourde peine de prison. Pauvre France attardée ! Il en est du « suicide médicalement assisté » comme de l'avortement avant Simone Veil et Gisèle Halimi. Remarquables, nos lois d'ici. Avant, il fallait s'enfuir à Londres pour une fausse couche accompagnée, aujourd'hui, c'est à Genève ou à Bruxelles qu'on a le droit de s'effacer quand ça s'impose. Tu accoucheras dans la douleur, tu crèveras dans la douleur.

Imbéciles !

Mes enfants, mes amours, dans cette tentative de résistance à l'ordre établi que je m'impose (droit de mourir dans la dignité, certes, mais d'abord droit de VIVRE dans la dignité), après la folle correspondance qu'inconsciemment j'ai suscitée en écrivant « pour moi », il est urgent de se calmer, tous : non je ne veux pas mourir, je vous aime trop, j'aime trop la vie pour ça. Malgré les quelques chagrins majeurs qui ne m'ont pas laissé intact – vous savez tout, maintenant –, je m'accroche, je travaille, j'y trouve même parfois quelque plaisir. (Au fait, Alex, avec Sandrine, c'est fini. Après avoir hésité, elle a choisi de s'enterrer avec ses morts à Clermont-Ferrand pour ne pas mortifier ses parents. J'ai dégusté. Tant pis pour moi, tant pis pour elle.)

Vous l'avez compris – je le rabâche depuis assez longtemps ! –, je refuse la souffrance et l'humiliation de la vieillesse et de la maladie. Tout est là. À vous, à vous surtout, je ne veux pas offrir le terrifiant spectacle dont me gratifie votre grand-mère. Dégoûtant. Il y a, je le sais, de l'orgueil, de l'égoïsme, de la coquetterie, une folle exigence esthétique dans ma décision. Mais – la formule est de moi – se suicider trop tôt, c'est manquer de mémoire et d'imagination. *Wait and see*. À présent que nous sommes au clair, je vous le dis : en temps voulu, si je ne suis pas en situation de me débrouiller seul, c'est vous – oui, vous – que j'appellerai à mon secours. Soyez sans crainte, vous ne serez pas incarcérés, mon réseau est aussi fiable qu'inidentifiable. (Penser à vous donner les adresses et les téléphones.)

P.-S. : J'ajoute, pour mémoire, que je suis absolument réfractaire à l'incinération. Après les atrocités d'Auschwitz, de Dachau et de Buchenwald, je ne comprends décidément pas les Juifs qui veulent finir dans un four.

Si tu veux, retire-la-moi, ta clé. Bien fait pour moi. Mais bien fait pour toi et pour mes frangines aussi. Si, comme tu sembles le souhaiter, nous poursuivons cette conversation dactylographiée – je t'ai lu attentivement – un secrétariat s'impose. Et qui désigner comme secrétaire général ? Moi, ça m'apprendra. Intellectuellement et affectivement assez rigolote, cette réunion Tupperware en poste restante. Toi, ça te rajeunit et nous, ça nous fait grandir. Même la vieille Sarah que je trouve un peu coincée, ces temps-ci. L'avantage de l'écriture, c'est qu'on peut se relire. Foin des inhibitions et des écarts de langage. Nous allons pouvoir communiquer sans nous voir. Ça me plaît bien, à moi. Par chance, je suis au chômage en ce moment. Entre deux visites aux Assédic, je me colle à mon ordinateur. Mais va falloir bosser, mes petits cocos. À demain, Papa. Je garde la clé.

Garde la clé, mon fils. Je n'ai plus rien à cacher, à présent. Finalement, ça allège. Je te pardonne. Je savais, le jour de ta naissance, que je te pardonnerais tout, toutes les conneries que tu ferais, que tu dirais. Bébé, gamin, ado et maintenant que tu es censé avoir atteint l'âge adulte, il faut te rendre justice, pour les conneries, tu ne m'as jamais déçu.

Parlons d'autre chose. Je me suis voté un week-end de détente. Je feuillette la presse, j'écoute la radio, je regarde la télé. L'actualité d'abord. Deux grands sujets dominent. En France, le plongeon du mari de Carla Bruni dans les sondages (entre vingt et trente points de moins, de 60 % et quelques à 37 %), aux États-Unis, l'extraordinaire percée d'Obama. Même les Français sont pour à 77 %. Pour le groupie de Bush, une double baffe. Ça requinque. Nous y reviendrons.

Hier soir, vu le téléfilm *Un amour à taire* réalisé par mon collègue Christian Faure en 2004 et rediffusé quatre ans après. Chef-d'œuvre. Les homosexuels sous l'occupation allemande. Le triangle rose frôlant l'étoile jaune. Les homos et les Juifs. Du côté des Boches, même cruauté, même raffinement dans le sadisme à l'encontre des uns et des autres. (Il y a eu plus de Juifs que d'homosexuels dans les trains de la mort et sûrement quelques homosexuels juifs mais l'horreur ne se mesure pas.) Bien perturbant, ce film. J'ai eu du mal à m'endormir. Bravo et merci à tous.

Alexandre, je sais que tu regardes les téléfilms avec beaucoup de hauteur. Certains, je te l'accorde, sont de vraies daubes, comme tu dirais. Je regrette que tu n'aies pas vu celui-ci. Et quelques autres – rassure-toi, aucun des miens – qui t'obligeraient à renoncer à la stupide hiérarchie des genres que tu pratiques avec tant de narquoiserie. Je n'ai moi-même jamais fait mystère de la nostalgie du temps où je réalisais de « vrais » films pour le cinéma. Mais Dorfmann est mort, Mnouchkine est mort et Claude Berri ne se sent pas très bien. Au cinéma, les producteurs d'aujourd'hui sont devenus des courtiers qui, pour le financement de leurs projets, se contorsionnent devant les responsables de chaînes hertziennes, actuelles décisionnaires de ce qui se fait ou ne se fait pas dans le cinoche. Vous croyez tourner des films, non, ce sont des téléfilms. À la télé, du côté des producteurs, des réalisateurs, des auteurs, il y a des gens très fréquentables. Je pourrais t'en présenter. Ça t'éviterait le chômage provisoire que tu m'annonces. Ce n'est pas en tant que père que, gentiment, je t'apostrophe mais pour te mettre en garde contre un élitisme surfait qui pourrait te jouer de mauvais tours.

Après tout, j'ai le droit de parler boulot avec toi, je n'ai pas fait carrière dans la charcuterie ! Bonne nuit, mon fils. Meilleurs sentiments.

Les miens, mon cher père.

J'attends depuis trois mois qu'un autre projet de cinéma se réalise mais, à l'instant où je t'écris, les producteurs ont trouvé de l'argent en Allemagne, en Belgique, dans la Région Île-de-France, rien des chaînes publiques ou de TF1. Un pourboire de Canal Plus. Lorsque ceux qui décident de la vie ou de la mort d'un film te disent d'un script « C'est intelligent » ou « C'est très sensible », ça tombe comme un couperet. Terminé. Tu as la tête dans la sciure. Tout cela, mon pauvre Papa, tu le sais mieux et depuis plus longtemps que moi. Que faire ? On ne m'a rien proposé dans Camping *ou dans* Astérix. *Et crois bien que, refusant le cinéma digestif, comme tu l'appelles, celui que j'aime n'est pas non plus « prise de tête », comme ils disent. Ton analyse est imparable mais on est tout de même en droit de s'interroger sur la légitimité de ces flicards prétentiards qui, souvent, ne lisent même pas les textes, sont pour la plupart des auteurs ou des réalisateurs ratés et décident de la pluie et du beau temps – la pluie, surtout – pour ceux dont intellectuellement, artistiquement, humainement, ils ont bien compris qu'ils ne les vaudront jamais.*

Un dernier point, Papa, sur lequel je voudrais qu'on se mette d'accord, tous les deux. Inversement à ce que tu ressens, je ne porte aucun jugement « hautain », encore moins « narquois », sur ce que tu fais, toi, pour la télévision. Au contraire. Je suis moins distrait que tu ne le crois vis-à-vis de ton travail, de ce qu'avec beaucoup de finesse et de courage tu arrives à imposer à cette bande de ploucs. L'inoubliable sortie de Patrick Le Lay sur la fiction à la télévision : « Ce que nous vendons à Coca-Cola, c'est du temps de cerveau humain disponible... » Non, tes films à toi, je n'en ai jamais eu honte. Je le jure sur ta tête. Je suis fier de toi. Et j'admire l'exigence avec laquelle – dans les limites du genre – tu cisèles tes scénarios, tes dialogues et aussi le talent dont tu fais preuve dans le choix des acteurs. Invente-moi un personnage et je suis ton homme. Mais la nostalgie que tu avoues d'un autre temps (c'était aussi le temps de Maman) je la partage. Viscéralement. La culture familiale, que souvent tu évoques, elle a fait des petits, crois-le bien. Je t'aime. Alexandre.

Février 2008. Chronique d'une mort annoncée, suite. Cette nuit, survolé quelques pages, dans le supplément « ARGENT » du *Monde*, gracieusement sous-titré d'une réplique de Woody Allen : « L'argent est préférable à la pauvreté, ne serait-ce que pour des raisons financières. » Drôle. Seul moment rafraîchissant de ce dossier dont le titre, terrifiant, « Anticiper la dépendance », inciterait le plus serein des sexagénaires à se précipiter dans sa baignoire pour s'ouvrir les veines ! La suite est bien encourageante également – je recopie : « La perte d'autonomie menace une personne âgée sur quatre. » Une seule ? Tel qu'on me connaît, je m'efforce de me projeter dans les trois autres. Mais, putain de Dieu, ils y vont fort, au *Monde* !

Au bord du malaise vagal, je passe à une autre rubrique et j'apprends que Nicolas Sarkozy – sauvés ! – a promis de verser entre 2008 et 2012 un milliard six cents millions d'euros aux personnes touchées par la maladie d'Alzheimer. (Tiens, pile la prochaine élection présidentielle, quel heureux hasard !) De toute façon, je l'ai vu, le petit homme à bout de nerfs, l'autre jour dans une séquence du journal télévisé parler à des dames alzheimerées. Avec ces pauvres vieilles, il peut y aller franchement dans son fameux numéro de camelot, promesses, bobards ou autres effets d'annonce. Elles ne savent absolument pas qui leur parle. À peine est-il sorti qu'elles ont déjà tout oublié. Pas la moindre idée de qui est passé dans leur dortoir : le directeur de la boîte ? un médecin ? un représentant en sonotones ? un rat ?

Sur une autre page de cet enthousiasmant programme, un classement statistique intitulé : « Des perspectives inquiétantes ». Aïe ! « Nombre de personnes âgées dépendantes de 60 ans et plus, selon trois scénarios. » Par catégories : « pessimistes, raisonnables, continents ». Suit une sorte de graphique, totalement hermétique pour moi, d'où il ressort que sur mille six cents personnes, il y a beaucoup plus de pessimistes incontinents que de continents neurasthéniques.

Il se fait tard.

J'éteins.

Dans le noir, une pensée affectueuse pour le docteur S., mon médecin « assassin ».

Papa, Alexandre. J'étais parti avec des amis me rafraîchir les bronches et l'esprit à la campagne. D'où mon silence. D'où mon absence. Pas sérieux, le secrétaire général !

Quant à toi, mon père, tu me désespères. Qu'est-ce qu'il te prend d'aller traîner du côté du supplément « ARGENT » du Monde *? Tu surveilles tes actions en Bourse, maintenant ? Ça te va bien ! Bonne idée d'aller te vautrer dans un dossier intitulé « Anticiper la dépendance ». Sauf ton respect, tu cherches la merde, toi. De plus, depuis qu'ils ont viré le calamiteux Alain Minc,* Le Monde *est redevenu très lisible. Grâce à Fottorino et quelques autres, un vent de liberté souffle à nouveau sur la rédaction. On se croirait revenu au temps, souvent évoqué par toi, des Fauvet et des Viansson-Ponté. Et Plantu est toujours aussi poilant. Alors, c'est décidé,* Le Monde, *tu lis, le supplément « ARGENT », tu jettes. C'est un ordre.*

Pas la moindre nouvelle de mes sœurs. Je crois qu'elles font la gueule parce que tu retardes leur dîner de famille. Je vais user de mon influence pour qu'on se retrouve plus légèrement, tous les quatre. Et maintenant, vite, à mon ordinateur, pour mettre au propre notre prose. Pas trop vite, un accident de bagnole et ce serait moi le mort ! Salut, Papa.

Malin. Ça me rappelle la vieille blague qu'on allume en contre-feu pour ceux qui, comme moi, sont un peu contrariés d'être entrés dans les années courtes : « Toi, tu nous enterreras tous ! »

Roule moins vite, s'il te plaît, Alexandre. Surtout la nuit. En été, en vacances, quand j'attends que tu rentres de tes « teufs » bien arrosées, je ne vis plus.

Coup de théâtre. Ce matin, Leïla m'a téléphoné. Un an que nous ne nous étions pas parlé. Pour les enfants – version officielle – nous avons, dans la catégorie « ex », mis en scène une camaraderie joliment surjouée. Elle veut que nous dînions tous les deux demain soir. Seuls. (Elle a bien insisté : seuls.) Que se passe-t-il ? Elle avait sa voix grave, encore un peu plus éraillée qu'à l'ordinaire, des mauvais jours. Triste, très triste, la voix. J'appréhende. Nuit blanche en perspective.

Suite du feuilleton. Nous nous sommes retrouvés hier soir, dans ce restaurant de la rue de Richelieu où nous avions nos habitudes. Elle m'annonce d'entrée qu'avec son compagnon, l'homme qui me l'a volée, c'est fini. Que lui dire ? Rien. Comme nous n'avons jamais jugé nécessaire de divorcer, j'éprouve l'étrange sensation de dîner avec ma veuve. Elle sera superbe, dans le rôle. Elle me raconte aussi, les larmes dans la gorge, que notre fille Charlotte n'est pas du tout gentille avec elle, ces jours-ci. Ne répond ni à ses appels ni à ses textos. Mademoiselle est furieuse contre sa mère, son père, son frère et tous ceux et celles qui n'applaudissent pas assez, à ses yeux, au projet de mariage improvisé par son copain du moment pour le printemps prochain. Le moins qu'on puisse dire c'est que, depuis le début de leur trop long flirt, je ne l'apprécie pas du tout, lui.

Une caricature de goy. Leïla l'a décrit à un ami psychothérapeute, le cas est fiché : pervers narcissique. Elle m'a confié le document concernant celui qui se présente déjà comme notre futur gendre : portrait craché. Nous avons fini par en rire nerveusement, Leïla et moi. On y dépeint le couple maudit sous les étiquettes « l'agresseur », « la victime ». Comment notre fille, si vive, si cultivée – à vous décourager d'envoyer les enfants à l'école –, si aimante aussi – nous étions, à nous quatre, même après la séparation des parents, une tribu intouchable –, comment a-t-elle pu se laisser prendre en otage par ce balourd ? J'ai sous les yeux la première phrase de la brochure, glaçante, décrivant l'oiseau : « Les individus pervers narcissiques sont ceux qui, sous l'influence de leur soi grandiose, essaient de créer un lien avec un deuxième individu, en s'attaquant tout particulièrement à l'intégrité narcissique de l'autre afin de le désarmer. Ils s'attaquent aussi à l'amour de soi, à la confiance en soi, à l'auto-estime et à la croyance en soi de l'autre. En même temps, ils cherchent, d'une certaine manière, à faire croire que le lien de dépendance de l'autre envers eux est irremplaçable et que c'est l'autre qui les sollicite. » Dès la première phrase, tout est dit. Et il y a dix-huit doubles pages qui suivent, toutes aussi alarmantes.

À la fin du dîner, nous nous sommes regardés longuement, Leïla et moi. Tout ça pour ça !

Je sens qu'elle en a gros sur le cœur, mon ex. Elle est la cible principale des attaques de Charlotte. Au-delà de la douleur que j'ai ressentie lorsque la femme de ma vie m'a quitté pour un autre, comme mère de nos enfants, je l'ai toujours trouvée irréprochable. Mère absolue. Elle a renoncé à bien des choses pour eux. À bien des êtres aussi. S'il faut tout dire, au nom de cette maternité militante, j'ai moi-même traversé des moments de grande solitude. Je m'en satisfaisais, c'étaient mes enfants, à moi aussi. Ce qui arrive à Leïla aujourd'hui avec sa fille suraimée est d'autant plus injuste. Très injuste, oui. Et je serai solidaire. Aussi longtemps que je vivrai.

Moi, du côté des exquis tourtereaux, on n'ose pas m'affronter. Ils ont raison. Je sais que pour avoir vu une photo de Charlotte et moi nous embrassant, ô combien chastement, sur la bouche – elle avait trois ans ! – le charmant prétendant avait insinué que j'étais un père incestueux. Il paiera un jour.

Tout doux, Papa, tout doux ! Tu t'emballes, là. Tu sais que, moi non plus, je ne raffole pas de ce garçon. Mais, connaissant Charlotte aussi bien que toi, plus elle sentira l'hostilité quasi générale à l'égard de celui qu'elle envisage provisoirement comme l'amour de sa vie, plus elle s'exposera, face à la horde de ses assaillants, les bras en croix, pour protéger son ravisseur. Je partage à cent pour cent la déception que vous ressentez, mes très chers parents, mais, en fils et en frère affectueux, je me permets de vous suggérer d'être moins expressifs dans votre refus d'adhérer à ce projet d'épousailles. Le type, que je connais un peu mieux que vous, aussi lourdaud, aussi limité qu'il paraisse intellectuellement, est un virtuose de la victimisation. « Pourquoi m'en veulent-ils autant, moi qui ne veux que ton bien ? » L'adversaire est plus coriace que vous ne le croyez. Et, par la force des choses, votre fille est sa meilleure complice. Nous assistons, impuissants, à un kidnapping et Charlotte, convaincue de s'affranchir de l'emprise d'une famille trop présente, en est enchantée. Le fameux syndrome de Stockholm. Vous payez – cher – de l'avoir toujours trouvée plus raisonnable que moi. La crise d'adolescence, moi je vous l'ai faite à dix-sept ans, dans les temps, elle, à bientôt vingt-trois ! Maîtrise de lettres, certes, mais pour la maîtrise de sa vie… No comment. *Au point où nous en sommes, décidons d'en rire. Si Maman et toi la jouez fine avec Charlotte, vous obtiendrez peut-être, avant le sale été qui nous menace, qu'elle voie sans le reconnaître son nouveau visage dans le miroir que tendrement vous lui tendrez. Réconciliez-la avec elle-même, qu'elle se retrouve. Comme avant. Et parlez-lui de la liberté.*

Merci, Alexandre. Je me souviendrai de ce que tu nous souffles.

Charlotte m'a (enfin) téléphoné.
Nous déjeunons en tête à tête demain.
Il faudra bien se tenir à table.

À treize heures dix, elle est arrivée au restaurant où je l'attendais, les joues rougies par le petit vent hypocrite de ce début mars, irrésistible bouille de petite fille qu'elle est encore (qu'elle sera toujours pour moi), son ordinateur d'écrivaine itinérante dans le dos – elle pond dans les bistrots –, de toute évidence heureuse de me retrouver. Bien réciproque, ma chérie. Nous avons gaiement parlé boulot. Elle m'a aspergé de ses projets : dialogues pour une nouvelle série humoristique à l'américaine, scénario pour une comédie sociale à l'anglaise, pas fainéante la petite. Excepté quelques rares bouffées de chaleur mentale me ramenant aux tracas du moment, je n'ai pas triché. J'étais bien avec elle, sous cette véranda d'hiver. Papotages, fous rires. Ça m'a rajeuni.

(La veille, une amie anglaise à qui je n'avais rien épargné de mes soucis paternels concluait dans son inimitable musique d outre-Manche : « Avec les filles, on devrait faire comme avec les chats, surtout les femelles, les stériliser toutes petites ! »)

Politique. La vie de la cité. La vie des autres. Le seul lieu où l'on peut réellement échapper à la contemplation trop attentive de son nombril. Être, au sens fort, hors de soi. Un qui parvient brillamment à me mettre hors de moi, c'est décidément Nicolas Sarkozy. Il est partout. Comment lui échapper ? En vérité, comment s'en débarrasser ? Même ses supporters ne le supportent plus. Ce dangereux psychopathe (encore un pervers narcissique !) n'est pas étranger à la mélancolie qui, depuis des mois qu'il est au pouvoir, s'est emparée de moi. Vie privée, vie publique. Il m'arrive de rêver que ses gardes du corps se mutinent et l'emmènent de force chez Mireille Dumas qui le pique à la fin de l'émission. Allons-nous tenir jusqu'en 2012 ? À la une de *Libé* hier, en gros caractères : « FRANÇAIS CHERCHENT VRAI PRÉSIDENT ». De mémoire de citoyen, jamais vu pareil spécimen à la tête de l'État. Un mal élevé des beaux quartiers président de la République ! Il paraît qu'il n'en revient pas. Moi non plus.

Depuis des mois, un vent de révolte embrase la plupart des corporations : marins-pêcheurs, cheminots, magistrats, avocats, enseignants, étudiants, retraités, caissières de grandes surfaces qui se battent pour un ticket-restaurant, ouvriers, cadres d'entreprise flingués par les délocalisations de confort patronal, jusqu'au bas du bas peuple des sans-papiers, sans-logis, sans-espoir. Face à la consternation de millions de citoyens, entre autres indécences, Gautier-Sauvagnac, le patron de l'UIMM, une énorme valise de billets volés à la main, cramponné à son parachute en or ! (Heureusement, Laurence Parisot, la Louise Michel du Medef, veille !) Que fait la Police ? Que fait la Justice ? Peut-être temps, au-delà des appareils, d'improviser une révolution de velours qui dépolluerait l'atmosphère ? Même les flics sont malheureux. Cinquante gardiens de la paix, cette année, qui ont utilisé leur arme de service pour se tirer une balle dans la tête. (Bizarrerie : moi qui exècre tout ce qui ressemble à une arme à feu, tous les jours ou presque, surtout la nuit, je m'imagine un pétard sur la tempe, le doigt sur la détente.)

Je ne m'habituerai jamais à l'hiver. Ce nécessaire été intérieur, je le retrouve chaque matin, dans le décor de la très plaisante comédie qu'à contre-emploi je me suis mitonnée, et dont j'assure la mise en scène pendant vingt et un jours. Entre deux prises de vues, en totale harmonie avec des acteurs et des techniciens que je connais bien, nous nous amusons beaucoup. Il arrive même que j'interrompe le tournage par un fou rire insurmontable. (Pas sérieux pour un réalisateur !) Très agréable. Et vaguement schizophrène. Une chose est sûre : je devrais m'interdire d'écrire la nuit. Et renoncer à survoler la presse comme je le fais. Sans parler de la radio, France Inter, France Info – bloquer sur Radio Classique – et m'interdire de télé en offrant mon écran plat au Secours populaire.

Pour la désintoxication médiatique, il faudra encore patienter. Me voilà rattrapé par mes oiseaux noirs qui m'emportent et me déposent au cœur d'une histoire qui semble avoir été inventée pour moi. Un peu partout sur les chaînes que je regarde ou dans les journaux que je lis, il n'est question que d'une enseignante de cinquante-deux ans, mère de trois enfants, atrocement défigurée par une tumeur incurable. Maladie orpheline, comme ils disent au Téléthon. Tous médias confondus, on diffuse jusqu'à l'écœurement les photos « avant/après ». « Littéralement mangée par la douleur », elle réclame à cor et à cri le droit d'anticiper sa mort. Elle a perdu la vue, le goût et l'odorat. Afin d'obtenir l'autorisation de mourir

« en quelques minutes et en toute conscience », elle a même écrit à Sarkozy ! Bon choix. Ce grand humaniste s'est empressé de ne pas lui répondre et a laissé ce soin à quelques girls de son corps de ballet, Roselyne Bachelot, ministre de la Santé et Rachida Dati, ministre de la Justice. « Le monde médical et les pouvoirs publics ne peuvent promouvoir l'euthanasie active quelle que soit la gravité de la maladie », aurait chantonné l'une. « Ce n'est pas notre droit. Nous avons fondé notre droit sur le droit à la vie », a postillonné l'autre. Air connu. Serment d'Hippocrate. Serment d'hypocrites. Après un passage pour la frime devant un quelconque tribunal, Chantal Sébire – c'est son nom –, qui voulait faire bouger les choses – et pas seulement pour elle –, ira mourir en Suisse, comme Maïa Simon. Dans la dignité. Au revoir, madame. Que la mort vous soit douce.

Mercredi. Chantal Sébire est morte. Chez elle. Elle a dû trouver son docteur S. Bravo et merci à elle de n'être pas partie en égoïste. Mitterrand avait parlé, en d'autres temps et sur d'autres sujets, de la force injuste de la loi. Au sommet de l'État, cette force a, plus que jamais, ses brigades de bornés des deux sexes.

En fin de journée, je lis quelque part : « Le gouvernement prêt à revoir la loi sur la fin de vie. » « Je me suis tuée à vous le demander », aurait pu répliquer Chantal Sébire.

Pas la moindre nouvelle de mes enfants. Même Alexandre s'est évaporé. J'avais fini par prendre goût à cette étrange correspondance qui s'était instaurée entre nous. Et Charlotte ? Et Sarah ? Ils me manquent, ces trois-là.

Je suis là, Papa. Ton seul et unique fils est là. Rassure-toi, je ne te perds jamais de vue très longtemps. Je t'ai lu. L'affaire Chantal Sébire. Manquait plus qu'elle. Elle était pour toi, celle-ci ! J'essaie de sourire, Papa, mais crois bien que l'histoire de cette malheureuse femme et la façon dont on aura traité sa fin de vie me révoltent autant que toi. Philosophiquement, intellectuellement, humainement, j'adhère mais, égoïstement tu sais bien que ton projet de « mourir dans la dignité » me fait violemment flipper. Elle, c'est elle et toi, c'est toi.

Primo, même après autopsie, même sous ADN, personne au monde, pas même Sarkozy, n'a le pouvoir de me convaincre que Chantal Sébire était mon père.

Deuxio, sans vouloir t'offenser, au rayon phase terminale, entre vous deux – ici la formule est tragiquement appropriée – il n'y a pas photo.

Voilà, c'est dit.

À part ça, comment vas-tu, toi ? Pas si mal, si j'en crois le plaisir que tu avoues savourer au tournage de ton nouveau film. Provisoirement (car, avec toi, nous sommes voués à la prudence), je m'en satisfais.

Petite anecdote, pour toi, avant de filer. Pas plus tard qu'hier, à une copine qui s'inventait tout un drame d'une prune qu'on lui avait collée pour sa caisse mal garée, j'ai dit : « Pense à Ingrid Betancourt ! » J'ai l'air de te l'avoir volée, cette vanne. (À toi aussi, dans l'espoir de relativiser tes trop fréquents coups de blues, je dirais bien : « Pense à Ingrid Betancourt ! » mais avec toi ce n'est pas du jeu, ta déprime du moment, une chance sur deux qu'elle soit justement due aux dernières nouvelles que tu auras eues d'Ingrid Betancourt !)

À papoter pour rire avec mon Papa, je prends le risque de louper un rendez-vous chez des copains producteurs d'un film qui me plaît beaucoup mais dont le financement n'a toujours pas été bouclé. Plus que jamais – ça ne t'a certainement pas échappé – nous vivons une vraie crise, dans le cinéma. Bonsoir, maître. À demain.

Reçu cinq sur cinq, mon chéri. Mais, si tu peux, viens à la maison vers dix-neuf heures, j'ai envie de te voir, de t'embrasser, de te toucher. Tu me connais, incestueux comme je suis ! Et les deux naines, elles ne pourraient pas se bouger un peu le cul ? Me téléphoner, au moins. Besoin de vous.

Sans m'y attendre, je suis tombé sur « Zone interdite » à la télé, ce dimanche soir. Émission « exclusive » sur les derniers moments de Chantal Sébire, encore elle. Comme la plupart des badauds médiatiques, je ne l'avais jamais vue en mouvement, ni entendue parler. Sacrée bonne femme ! Belle personne, sous son masque d'horreur. Peu dire qu'elle est courageuse. Elle blague, elle rit, elle chante du Claude François avec ses deux filles qui se trémoussent pour amuser leur mère. On voit qu'elles en rajoutent un peu dans l'allégresse et j'y sens de la pudeur, malgré les caméras. Elles ont dû faire du chemin, les deux nanas, pour accompagner leur mère dans sa mortelle croisade. Que d'amour ! Comme elles disent si joliment, parlant d'elle aux journalistes : « Ma maman… C'est ma maman qui souhaitait… Non, ça, c'est ma maman qui l'a décidé… Seule. Enfin, non, pas seule, elle est très entourée… » Trois mômes d'âges différents – le frère n'était pas là – qui doivent choisir entre le chagrin de la voir souffrir et celui de la voir partir. Et ça rigole, ça rigole. Et moi, je pleure, je pleure devant mon téléviseur, je pense à elles, à eux, à nous, bien sûr, à nous quatre, même genre de smala, sympa, oui, bien sympa. La rage de Chantal Sébire, ses filles absentes, qui souffre, qui hurle : « Je voudrais qu'ils crèvent, oui, qu'ils crèvent, tous ceux qui ne veulent pas m'entendre. À quoi ça sert, un corps ? À vivre, à bouger, à travailler, à baiser, mais là, à quoi ça sert que je sois là, moi, comme je suis ?… » Pas pris de notes mais à peu près ça. À la fin de l'émission, elle est morte. Et on retrouve Virginie, la fille aînée, interrogée avec tact par la belle Mélissa Theuriau. Le cœur tordu, là aussi, parce qu'on voit tellement – ça bouffe l'écran – qu'elle aurait préféré la garder, sa mère, bien vivante, mais que, voilà, c'était devenu insupportable, alors elle est mieux où elle est, oui, c'est mieux, pour « ma maman ».

Je vous entends, vous, mes chéris – surtout

Charlotte, la petite – dire « mon papa », un jour. Pas pour demain.

4 avril 2008. Je l'ai fait, mon check-up. Et je l'ai, mon cancer. Il était temps. J'allais devenir hors sujet.

Pas comparable, loin s'en faut, à ce qu'a vécu Chantal Sébire. Petit cancer. Cancer d'homme. Guérissable, m'affirme le professeur Z. Décidons de le croire. En plus de la biopsie qu'il m'avait prescrite il y a une dizaine de jours, il m'ordonne, pure précaution, une IRM et une scintigraphie osseuse. Traquer la possible métastase. Le premier des deux examens est prévu pour demain. J'irai en survêtement et chaussures de jogging pour tenter de me détendre dans les jardins de l'hôpital. Un peu sonné (dans mon trouble, j'ai même égaré mon agenda) mais, sachant que vous me lirez, je ne veux pas peser trop lourdement sur vous, mes chers petits. Pensons à Ingrid Betancourt !

Excepté cette légère anomalie glandulaire, les analyses de sang commandées par le professeur V., mon épatant hépatologue, sont assez satisfaisantes. Les transaminases ne la ramènent pas trop – le traitement à l'Interféron est remis sine die –, pas de cholestérol, ni diabète, ni urée, ni albumine, un cœur de sportif et, miracle, je ne suis pas séropositif. Dommage qu'il pleuve.

Le plus rude est cette dictature du bien-être qui s'est abattue sur nous tous.

« Ça va ?

– Ça va. »

Ne confier – règle d'or – ses soucis, ses appréhensions, ses malheurs qu'à ceux dont on est certain qu'ils nous aiment et qu'ils seront discrets.

« Oh, moi, tu peux y aller, je suis une tombe ! »

Tant mieux. Je touche du marbre.

La scintigraphie est rassurante. Le docteur P. – un ami, nous nous tutoyons – est soulagé. Première fois, en vingt ans de fréquentation assidue, que je le rencontre en tant que malade. Il m'avoue qu'avant l'examen il n'en menait pas large. Histoire de rire ensemble après l'épreuve, il a placardé sur une façade lumineuse la silhouette en pied de mon squelette. Ravissant. Je lui en ai demandé un double pour l'afficher dans mon bureau. Pour l'IRM, le docteur Y., radiologue, qui s'est déjà chargé de ma biopsie, m'a téléphoné avant-hier pour reporter à la semaine prochaine cette seconde investigation. Persuadé qu'elle sera plus efficace en espaçant les séances. Ma tumeur, je vais donc me la garder dans la tête jusqu'à jeudi. C'est le matin, au réveil – si j'arrive à dormir –, qu'elle est la plus présente. Juste un peu, le matin.

Jeudi en fin d'après-midi, toutes les cartes en main, le professeur Z. me dira ce que l'on va faire de moi. D'ici là, patience. Pas le choix.

Mardi 15 avril. Le docteur K., médecin chargé de veiller sur Maman, m'appelle. Le charmant homme, d'origine africaine, tient à me prévenir qu'il doit faire un saut de quatre jours vers son pays natal pour raisons familiales et il en est d'autant plus désolé que l'état de santé de notre patiente ne s'améliore pas. Le sachant habituellement plutôt rassurant, je reçois cinq sur cinq ce que, avant de s'absenter, il veut me dire. Elle n'entend plus, ne parle plus, ne s'alimente plus, ne respire plus que sous oxygène, elle est, pour ainsi dire, passée aux soins palliatifs à domicile. Je me fouette pour aller la voir mais quand faut y aller, faut y aller. J'y vais. Bien compris que ses jours sont comptés à présent. Putain de printemps !

Tels de petits chiots apeurés, mes enfants me tournent autour, ces jours-ci. Je les ai pourtant privés de correspondance depuis le 4 avril, je cache mes brouillons ailleurs que dans mon sous-main, mais ils ont sûrement flairé que leur père n'était pas à son mieux. La semaine dernière, à leur demande, déjeuné ou dîné au restaurant en tête à tête avec chacun d'eux. On n'a vu que nous dans notre bistrot italien préféré du quartier de l'Odéon. Mercredi, Alexandre, jeudi, Charlotte, samedi, Sarah et Patrick, son mari. C'était tendre, c'était gai. Jusqu'à Leïla qui tenait à ce que nous déjeunions ensemble. Elle m'a même amené Slimane, son neveu, le fils de sa demi-sœur marocaine que, sans l'officialiser, nous avons plus ou moins adopté il y a quinze ans. Il a dix-huit ans, à présent. Pour ces deux-là, troqué la trattoria de l'Odéon pour un oriental de la rue de la Huchette. Couscous-tajine pour tout le monde.

Slimane. Ça n'aura pas été simple entre nous deux mais, globalement, ça fonctionne. Lui aussi m'a adopté. Pas donné, le frais incompressible ajouté, mais très attachant. Et Leïla, c'est Leïla. Nous avons ri ensemble. Nous rions beaucoup dans cette drôle de famille. Et je sais que lorsque je vais claquer pour de vrai, les mêmes vont beaucoup pleurer. Seule raison de m'attarder encore un peu dans cette vie invivable.

Dimanche 20 avril. Aujourd'hui, Maman est morte. Cette première phrase de *L'Étranger* de

Camus, je redoutais d'avoir à l'écrire un jour. Ma maman à moi, l'Ashkénaze de ma vie, est morte le jour anniversaire de la naissance d'Adolf Hitler ! Ces femmes juives, décidément, quel humour !

Début d'après-midi, Régine, la gentille petite dame qui s'occupe de ma génitrice tous les week-ends, m'annonce doucement sur mon portable :

« Monsieur David, je crois que Madame n'est plus. »

La formule est tellement anachronique – c'est du Bossuet ! – que je lui demande de répéter.

La pauvre femme, dont je sens qu'elle veut éviter la brutalité des mots, insiste :

« Elle est inerte, je n'entends plus du tout sa respiration… »

Elle s'interrompt pour s'adresser à celle qui m'a donné la vie :

« Madame ! Madame !… »

Un temps.

De nouveau à moi :

« Non, monsieur David, je sens que c'est fini. Madame n'est plus.

– J'arrive, Régine. »

Et là, je vais sans doute arrêter ce reportage « à chaud » de la journée que je viens de passer. Il est minuit. J'espérais, en les projetant sur le papier, parvenir à chasser les terribles images qui m'assaillent, mais non, trop tôt. J'insiste quand même, tant cela m'est nécessaire.

Moi, dans la chambre, la main sur son front, sur ses joues, sur ses mains de glace. Non – Régine avait raison –, Madame n'est plus. Appeler le bon docteur K., pour le certificat de décès. Les pompes funèbres – elle avait laissé un contrat – qui me proposent une chambre funéraire chez eux. Pourquoi pas ? Je ne sais pas. Dans trois jours, l'enterrement. Oui, une chambre funéraire, c'est bien. Il faut que j'appelle ma sœur Judith en Provence. Plus toute ma tête. Je frôle la soixantaine mais il n'y a pas d'âge pour être orphelin. À la seconde où j'écris, j'ai douze ans, j'ai sept ans. Petit garçon. Tout petit. Il y a des photos en noir et blanc d'elle et moi sur les murs de l'appartement qui sont là pour me le rappeler. Régine s'est esquivée. Je suis seul, maintenant, dans l'appartement. Je vais enfin m'accorder le droit de pleurer.

Alexandre, Charlotte et Leïla sont arrivés vers dix-sept heures – Sarah, empêchée, m'a très tendrement appelé – et je sais qu'ils sont venus pour moi plus que pour elle, qui ne les avait pas toujours très bien traités. C'est le temps du pardon. C'est le temps du partage.

Nous l'avons enterrée hier au carré juif du cimetière Montparnasse. Quelques vrais amis m'ont fait la surprise d'être là. Ils ont su trouver les mots, les gestes que l'on attend en pareille circonstance. Et puis, plus tard, d'autres mots, des messages écrits, d'un grand réconfort. À vous donner envie d'être en deuil plus souvent.

Remettre mes pages dans le sous-main, la cachette initiale. En manque de communication écrite avec Alexandre et – pourquoi pas ? – Charlotte et Sarah. Leur proposer pour un prochain soir le dîner à quatre tant espéré par Sarah. Pour ce qui est de ma santé – je sens bien que ça les turlupine –, je sais à peu près où j'en suis. Le professeur Z. ne raffole pas d'une opération – risques de déplaisants effets secondaires – et lui préfère une radiothérapie de neuf semaines à partir de la mi-mai, libre tous les week-ends. Si je me fie à ce qu'il me dit – c'est le cas –, ma libido n'est pas menacée. Bravo ! Guérison promise à la fin de l'été. Ce qu'on appellerait une promenade de santé. En route !

Enfin, tu consens à tout balancer. Oui, Papa – c'est Alex –, en effet, ça nous turlupinait, ta santé. Par tes allusions, tes demi-aveux, tes prétendus traits d'humour noir, tu nous as bien affolés, tous, depuis quelques semaines. Au moins, dans l'écriture, tu renonces à l'euphémisme et à la litote. Eh bien voilà, tu as un cancer. Cancer d'homme, dis-tu. Exquise pudeur. Cabot comme on te connaît, un cancer du cerveau – ça existe – ou du cœur – ça existe – t'aurait mieux convenu. Ce que je retiens, moi, c'est qu'on va te soigner, on va te guérir. Et ne crains rien, je ne vais pas me répandre en confidences dans les cercles branchés de la capitale auprès de tous les « répéteurs » et « répéteuses » de notre métier sur les embarras organiques de mon papa. Soigne-toi ! Guéris-toi ! Et pourquoi pas ce dîner à quatre que tu nous proposes ? Avec le temps, il ne t'a pas échappé que nous nous sommes un peu attachés à toi. À demain.

Histoire de me délester des sombres images qui ont lacéré ma mémoire immédiate, je tente, autant qu'il m'est possible, de m'évader vers des continents plus accueillants. Feuilleté – relu – avec gourmandise les *Essais* de Montaigne et le

Zarathoustra de Nietzsche. Tonifiant. Nécessaire. Je me suis remis à fumer, aussi. Suicidaire comme je suis, « Fumer tue », ça m'excite. (Un solide cancer du poumon, aux yeux de ce grand espiègle d'Alexandre, m'irait mieux. J'y travaille.) Dû, pour me rendre disponible pour cette inévitable thérapie de neuf semaines, renoncer à un tournage qui devait avoir lieu cet été. À défaut de faire de la télévision, je la regarde. Vu le film réalisé par mon très estimé camarade, Serge Moati. Le docu-fiction de Serge (délicat exercice qui peut générer le meilleur et le pire), *Mitterrand à Vichy*, essaie, le plus loyalement possible et aussi proche que Moati fut du héros de mai 1981, de nous aider à décrypter l'étrange parcours d'un homme aussi paradoxal. Pour ceux de ma génération, le livre de Pierre Péan (sur lequel le film s'appuie) et ses révélations sur le passé pétainiste de celui que nous avions soutenu contre Giscard nous était tombé dessus comme une bombe à retardement. Manichéens comme nous l'étions – en 42, sous l'occupation nazie, je n'étais pas né –, il y avait eu Pétain, Laval, Bousquet, Papon d'un côté ; de Gaulle, Jean Moulin, le couple Aubrac, Germaine Tillon, etc., de l'autre. Collabos, résistants. Et voilà qu'on nous parle de résistance intérieure à Vichy ! Mitterrand en principal animateur. Même plus tard, quand il est enfin devenu un « vrai » résistant, il aura été étrangement inattentif au sort de ceux dont, selon André Frossart, le seul crime était d'être nés. Auschwitz, Buchenwald et d'autres clubs de vacances très fréquentés de l'époque, pas son affaire. Trop préoccupé par le sort des prisonniers « normaux » dont il était responsable, il n'a même pas remarqué les étoiles jaunes ! La rafle du Vel'd'Hiv orchestrée par son copain Bousquet, vague souvenir ! Pour le Juif que je suis, fils de déporté, irrecevable. Je me le suis bien pris dans la gueule, tout ça. Quelle distraction ! Et Moati et quelques autres qui nous affirment que Mitterrand n'était pas antisémite ! Vrai, sans aucun doute, ses amitiés avec Dayan, Badinter et autres Fabius en témoignent. Ça console. Un peu. Mais comme l'écrivait quelqu'un au lendemain de la diffusion du film, si l'on avait été informés de tous ces « détails » de l'histoire en 81, il n'aurait jamais été élu. Dommage que Franz-Olivier Giesbert, l'immense journaliste d'investigation, qui lui, à le lire aujourd'hui, savait tout depuis toujours, se soit montré, pour une fois, si discret !

Je m'étais absentée de notre relation épistolaire, mais je me suis sentie si proche de toi durant cette période de notre vie que je ne voyais pas la nécessité de me repasser le film en boucle. Mon père chéri, ne doute jamais de mon amour. Jamais. Il faut que nous nous parlions dès que possible, mes chers parents. Seuls tous les trois, où vous voulez.

J'ai lu ta page, Papa, sur le pervers narcissique. Ç'aurait dû me mettre dans tous mes états, ça m'a fait rire. Où est-ce que vous êtes allés chercher cette foutaise ? Vous devriez surveiller vos fréquentations. Vivement qu'on se voie.

Cette folle me parle comme si nous vivions toujours ensemble, sa mère et moi. Toujours « raccord », Leïla m'a – pur hasard ? – téléphoné ce matin. Très câline, elle aussi, depuis quelque temps. Alexandre lui a raconté dans le détail le traitement médical auquel je suis astreint l'été prochain. Sont-ils bavards, dans cette famille ! Elle a loué une maison en Corse pour y passer juin et juillet. Dans un village de Balagne, sur les hauteurs de L'Île-Rousse. Et, en la circonstance, elle me propose d'y venir tous les week-ends si je le souhaite. Les enfants seront là. Et j'aurais ma chambre. Il y a pire proposition. Encore que, la Corse, celle de Sandrine encore si présente… Enfin, pourquoi pas ? À condition d'en savoir plus sur les pièces rapportées – ce tombeur d'Alexandre ne viendra certainement pas seul – et de s'être mis au clair dans les relations avec le copain de Charlotte, je suis plutôt tenté d'accepter. Si l'amitié c'est l'amour sans le sexe, nous sommes devenus très amis, Leïla et moi.

Comme le faisaient, d'après ce que j'en sais, les auteurs surréalistes des années cinquante, je recopie au petit matin mon rêve – mon cauchemar – de cette nuit. Je suis mort dans mon cercueil, transporté par un corbillard à l'ancienne, tiré par des chevaux. Mais je suis aussi installé à la droite du cocher (la place du mort !), très élégant dans mon costume noir. Pas de doute : c'est bien moi. Et puis, je me perds un peu dans mes flashs-back de la nuit. Je sais qu'avant d'accepter mon ensevelissement j'ai quelques comptes à régler, assez violents, avec tel ou tel personnage qui m'a gravement offensé. Je gueule, je frappe comme un forcené. Aucun membre de ma famille proche à l'image. Ni Leïla, ni Alexandre, ni Sarah, ni Charlotte. Je note avec étonnement que le rôle de la veuve éplorée est interprété par Laurence Charlebois, la femme de Robert. Laurence et Robert, charmants amis, surtout fréquentés au cours d'un séjour au Québec, il y a quinze ans, peu revus depuis. Pourquoi Lolo, avec qui rien d'ambigu ne s'est jamais exprimé, et pas Leïla, la femme de ma vie et de ma mort ? Juste avant que je me réveille vers cinq heures, à bout de souffle, un chant québécois est entonné par le couple Charlebois et leur chorale avant que l'on me porte en terre.

Le départ de ma mère, mes déplaisants projets hospitaliers de l'été prochain et la folle du logis qui a envahi mon esprit ne sont vraisemblablement pas innocents des nuits qui, désormais, seront les miennes. Bien éprouvant. Ce matin, il fait plutôt beau.

Dans l'après-midi, on sonne à l'interphone. C'est Slimane. Jamais un coup de fil pour avertir qu'il va débarquer, lui. Le champion de l'imprévisible. Il est comme ça, Slimane. Trop tard, trop grand pour améliorer son éducation. Que me veut-il ? Dans tous les cas, je sais déjà qu'il me dérange. En improbable intermittent du spectacle que je suis devenu, je m'étais réfugié dans la projection d'un film en DVD de Ken Loach, *Just a kiss*, dont je ne connaîtrai la fin que bien plus tard, quand ce charmant idiot consentira à quitter les lieux. Tendance à s'incruster, mon fils adoptif. Il m'agace, parfois, avec ses manières d'incurable immigré. Je l'aime beaucoup – je l'ai prouvé – mais, en ces temps difficiles, il est conseillé de me foutre la paix. Aucune discrimination là-dedans. Juifs, musulmans, chrétiens, hommes, femmes, enfants, lâchez-moi ! Tous ! *Don't disturb !* Je suis malade, je suis en deuil, j'ai mérité ma tranquillité. J'étais justement, avec ce film, en train de me distraire aux amours contrariées d'une jeune enseignante catholique écossaise et d'un Pakistanais de confession musulmane. Putain de Dieu, il arrive bien le jeune exotique ! À bientôt, Ken Loach, salut Slimane. Qu'est-ce qu'il veut, Slimane ? Me présenter ses condoléances ? Non, pas son genre. Alors quoi ? De l'argent, c'est de l'argent, c'est du pognon qu'il veut, Slimane. Son compte bancaire est à découvert – non ? – et comme il a peur d'affronter sa mère, c'est à son faux père qu'il va réclamer. Vingt fois, cent fois qu'il me rejoue la scène. À la recherche de ses racines orientales, il nous la joue « jeune des cités sensibles », le Maghrébin des beaux quartiers. On s'offusque de la baisse du pouvoir d'achat, de l'himalayesque augmentation des produits de première nécessité, de la cherté de l'essence, du gaz et de l'électricité, mais, dites, attention, le shit, c'est pas donné non plus !

Tu as grossi, Slimane. Tu bouffes trop chez McDo, Slimane. Tu bois de la bière à t'en faire péter la sous-ventrière. Tu veux faire arabe et tu as l'air d'un gros nain américain. Bien fait pour toi ! Allez, prends ton chèque, mon petit père, et n'oublie pas d'embrasser ta mère. Salut, j'ai des choses à faire. Avec toute la charrette que je me tire, pas intérêt à m'attarder dans l'arrêt maladie. On n'est pas dans le « marche ou crève », non, pour moi, ce serait plutôt « marche ET crève » ! Je marche. Et je crève.

6 mai 2008. Premier anniversaire de l'accession de Nicolas Sarkozy à la présidence de la République. On dit qu'il aurait renoncé à fêter l'événement avec ses copains qui l'attendaient salle Gaveau. Pour une fois, je l'approuve. Fêter quoi ?

On est aussi censés commémorer les soixante ans d'existence de l'État d'Israël. J'espère qu'ils éviteront les feux d'artifice. Certains, parmi les responsables politiques et militaires de là-bas, pourraient confondre avec des tirs de roquettes d'origine palestinienne et ça ferait quelques morts de plus à Gaza !

Je profite de cet événement fort de sens – soixante ans ! – pour me poser, une fois de plus, cette question essentielle : où en sommes-nous, Israël et moi ? Tout aurait dû, au cours de ma chaotique histoire, m'engager à rejoindre la Terre promise, à faire mon *alya*, comme tant d'autres. (Suite à une rumeur d'antisémitisme en France, il y a quelques années, tout Sarcelles s'était vidé. Même Strauss-Kahn, depuis, a demandé l'asile économique à Washington !)

Juif, je ne le suis ni plus ni moins qu'un autre – mon prépuce en témoigne –, fils d'un martyr de la Shoah, suicidé comme Primo Levi.

Je ne suis pas un « honteux », comme certains, je n'ai changé ni mon nom ni mon prénom. En incurable laïque, j'évite d'aborder la question d'Israël et des appartenances religieuses avec quelques inconditionnels de mes amis. Chacun sa vérité. Tolérance, tolérance. J'ai remplacé la foi par la conscience.

Je suis fier d'avoir rencontré Théo Klein – double nationalité franco-israélienne –, qu'il m'ait accordé du temps et de la bienveillance, et qu'il m'envoie chacun de ses livres. Dans les médias audiovisuels, je ne porte pas le même regard sur mon cher Paul Amar et sur le trop prévisible Jean-Pierre Elkabbach, pourtant juifs séfarades tous les deux, mais voilà, pas les mêmes... Et Drucker et Fogiel – joli couple ! –, ashkénazes l'un et l'autre mais, encore une fois, quoi de commun ?

En Israël aussi j'ai mes têtes, et je ne confondrai jamais Sharon et Netanyahou (ceux-là, ils rendraient Anne Frank antisémite !) avec Amos Oz et David Grossman.

J'écris ceci pour vous, mes enfants, qui êtes un peu juifs, un peu arabes (excepté Sarah qui est irrémédiablement juive, de mère et de père). Lisez Théo Klein, lisez Amos Oz, lisez David Grossman (dont le discours qu'il a prononcé le 4 novembre 2006, sur la place Rabin de Tel-Aviv, trois mois après que son fils Uri avait été tué au Liban, me semble plus que jamais d'actualité).

Un peu partout dans le monde, ceux qui militent pour la paix, on les appelle – avec un soupçon d'ironie – des colombes.

Et comment nommer ceux qui, n'ayant rien à en espérer d'autre que du sang et des larmes, s'accommodent si bien de la guerre ? Des pigeons.

Voilà. Fin du sermon paternel.

Je suis fatigué. Fatigué de moi.

Je vais tenter d'aller dormir. La paix, maintenant.

Papa, ton fils. Extraordinaire, cette relation que nous avons, tous les deux, pour ainsi dire télépathique. Au moment même où tu écrivais les lignes qui précèdent – dont je devine l'origine, dans ce qu'elles expriment de fureur et de douleur –, j'étais moi-même plongé dans la lecture du bouquin d'Emmanuel Faux, Le Nouvel Israël, *(très bon livre, excellente préface de Charles Enderlin), qui nous offre en annexe le discours de David Grossman auquel tu fais allusion. Pas banal, cette coïncidence. Pour toi et moi, que Sarkozy et Hortefeux se calment, pas besoin d'ADN !*

Tu as raison, il dit tout, le texte de Grossman : son amour profond pour Israël autant que sa révolte contre ceux qui, de Sharon à Olmert, le maltraitent. Au-delà de l'homme fracassé par la mort de son fils, on sent la rage impuissante d'un être épris d'intelligence, de justice et de l'élémentaire respect que méritent les deux peuples, israélien aussi bien que palestinien. Mais non, comme si l'irruption – tant espérée – du Hamas sur la bande de Gaza ne leur suffisait pas, il a fallu qu'ils aillent provoquer – renforcer – les miliciens chiites du Hezbollah qui, aujourd'hui, massacrent joyeusement les sunnites de Beyrouth ouest avec la bénédiction de Damas et de Téhéran...

Ovation pour Olmert, Barak et toute la troupe ! Rideau.

Tu vois, mon cher père, sur le Proche-Orient en tout cas, ce n'est pas aujourd'hui que nous aurons un débat contradictoire.

À bientôt, Papa. Oublie un peu Israël. Oublie la Palestine. Oublie le Liban. Une pause, please, *sur les Juifs et les Arabes.*

Essaie de mieux dormir, tout de même.

Quelques somnifères pourraient t'aider.

Je te ferai une ordonnance.

Toi, alors ! Si je ne craignais pas que ce soit mal interprété venant d'un vieux candidat au suicide comme moi, je te dirais que tu es un drôle de pistolet ! Vrai talent, mon fils, que tu as, par ta force de vie, d'alléger, sans la mépriser, la gravité des choses. Tu m'auras bien aidé, dans ce commerce des mots que tu as inventé pour nous, à parcourir le chemin qui mène à ma délivrance. Ma délivrance, oui. La tienne, aussi. Et celle de Charlotte et de Sarah. Un peu pesant, le papa, à la longue. J'en suis bien conscient. Encore un effort dans le ronchonnement permanent et, au *cut* final, vous serez soulagés.

Appelons cela une politesse pour ne pas être trop regretté.

Cet après-midi, je suis allé au marché aux fleurs. J'ai choisi un superbe ficus. Un arbre dans la maison, même en pot, ça aide à vivre.

Je pense à ma mère. Beaucoup d'efforts pour que ça ne se voie pas, mais elle me hante, depuis qu'elle est partie pour toujours.

Ce matin, reçu la lettre d'un de ses anciens voisins de palier, qui a déménagé depuis. Je ne le connaissais pas mais, ayant appris qu'il s'était bien comporté, jusqu'au bout, avec elle, aidé par Virginie, Régine et Nadine, les anges gardiens, j'avais retrouvé son téléphone et l'avait prévenu, le jour où Maman nous a quittés. Il m'écrit pour me remercier. Dans un style un peu trop « analytique » à mon goût – il m'en prévient lui-même – il veut surtout, en bon garçon qu'il est, me rassurer sur « l'amour maternel immense » – je le cite – que, malgré nos fréquentes disputes, sa voisine me portait. Au cours de leurs conversations amicales, elle lui aurait même confié un jour : « Mon fils m'aimait trop. Enfant, puis adolescent, il était trop amoureux de sa mère. Il a donc fallu que je l'éloigne pour qu'il soit suffisamment adulte pour faire sa vie. »

Lisant cette phrase, dans l'infinie tristesse qui s'est emparée de moi depuis le 20 avril, j'aurais tendance à la valider, et pourtant je la réfute. Non, j'aimais ma mère, profondément, mais je n'étais pas « amoureux » d'elle, au sens abusivement œdipien, et elle ne m'a pas « éloigné », c'est moi qui suis parti, très tôt, pour rejoindre une jeune fille qui me plaisait. Cela dit, merci, voisin, pour votre lettre. Je vous appelle demain.

Une autre lettre, que je ne me pardonnerai jamais d'avoir égarée, dans les tribulations de ma vie d'homme, me revient en mémoire, écrite par ma mère elle-même il y a une vingtaine d'années.

Elle m'y disait avec une bouleversante et surprenante humilité (elle est morte étouffée mais pas par la modestie !) que, si elle s'était parfois montrée aussi abrupte dans notre relation sentimentale, c'est qu'elle était intimidée par moi. Par mon intelligence. Ma culture. Mon talent... Rien que ça ! Ça m'avait cloué, à l'époque. Et pourtant, le contraire d'une idiote, Maman. D'une vivacité, d'une cruauté dans la formule qui m'avaient toujours enchanté. Nos fous rires ! Ils me reviennent souvent, en cette période de larmes enfouies. Cette autodérision dont, presque jusqu'à la fin, elle ne s'est jamais départie, seconde langue que nous pratiquons nous aussi, de génération en génération, nous la lui devons, mes enfants.

Bonsoir, Maman. À tout de suite. J'arrive.

Message personnel. Alexandre, je voudrais que tu m'aides à organiser cette soirée à quatre que nous envisageons depuis des mois. Parle à tes sœurs, s'il te plaît. Charlotte viendra-t-elle ? J'en doute un peu. La dernière fois que je l'ai vue, elle m'a paru bien sèche. Rien dit, rien fait qui justifie ce changement d'humeur. Influencée par je ne sais qui, je ne sais quoi, je la sens porteuse de mauvaises ondes vis-à-vis de son père. Pas le moment de m'embêter. Avec tout ce que je déguste depuis quelques semaines, si on me cherche, on ne me trouve pas. On me perd.

Sur une étagère de ma bibliothèque, quelqu'un a posé, bien en évidence, un petit livre – une plaquette – d'un auteur suédois inconnu de moi, Stig Dagerman, dont le titre ne m'a évidemment pas laissé indifférent : *Notre besoin de consolation est impossible à rassasier*. Vingt pages. Intenses.

Quelques lignes des éditeurs, en quatrième de couverture : « Depuis la découverte, en 1981, de ce texte où Stig Dagerman, avant de sombrer dans le silence et de se donner la mort, fait une ultime démonstration des pouvoirs secrètement accordés à son écriture, le succès ne s'est jamais démenti. On peut donc, aujourd'hui, à l'occasion d'une nouvelle édition de ce "testament", parler d'un véritable classique, un de ces écrits brefs dont le temps a cristallisé la transparence et l'inoubliable éclat. »

La vie, la mort, l'écriture. Tout à fait pour moi, ça. Comme une lettre de l'au-delà qui me serait adressée par un jeune cousin suédois. Je lirai ses autres livres. *Good choice, my son !*

Thank you, Dad. *La seule différence entre vous, c'est que lui se vit comme un écrivain, pas toi. Et je ne suis pas certain qu'il ait eu le même destin amoureux que le tien.*

A-t-il connu la passion pour une femme ? Avait-il des enfants ? À vérifier. À ce propos, je te trouve bien dur, soudain, avec Charlotte. Tu en rajoutes un peu. Comment pourrais-tu envisager qu'elle te perde. Tu la perdrais aussi. Impensable.

Rompre avec l'un de tes enfants, être à jamais privé de lui, tu ne t'en remettrais pas. La vie n'est pas gentille avec toi ces temps-ci, mais ajouter du malheur au malheur… Pardonne-moi de te le dire : tu te vantes, là, mon père adoré.

Dans le temps qui me reste, je ne m'ennuie pas une seconde, avec vous, mes très chers. Dernier scoop : Charlotte et son fiancé se séparent. Elle me l'a annoncé au téléphone, ce matin, entre deux sanglots. Je devrais exulter – j'ai gagné ! – et pourtant je ne peux qu'être bouleversé par ses larmes, à elle, ma petite fille. Elle avait rêvé d'une belle histoire. C'est lui qui, si j'ai bien compris, a décidé d'y mettre fin. Après deux ans de vie commune, il se déclare, dans un fulgurant accès de lucidité, incompatible. Et je sens qu'au-delà du douloureux sentiment d'échec qu'implique toute rupture amoureuse, elle en est convaincue, elle aussi. Incompatibles, ils le sont tous les deux. Mais que dire ? Surtout rien du genre : « Qu'est-ce que je t'avais dit ? » Non. Rien. Se taire. Accompagner. Elle s'est invitée chez moi pour la nuit prochaine. Elle dormira (mal) dans la chambre du fond. Auparavant, autour de l'en-cas que je lui aurai mitonné, je tenterai de la faire rire. J'ai mes chances. Si j'évoquais ma propre séparation d'avec sa mère, il y a neuf ans, voilà qui serait désopilant !

(Comme il est exclu qu'elle réintègre seule un appartement qu'elle a vécu à deux, appeler Leïla, la reine de l'immobilier, pour qu'elle l'aide à dégoter un endroit où crécher dans un quartier qu'elle aime.)

Aujourd'hui que nous nous revoyons, loin des orages de notre désunion, qu'est-ce que j'éprouve pour Leïla ? Amour ? Tendresse ? Amour tendre. Un peu comme si elle était ma fille aînée. Dans mon cœur, elle a rejoint nos enfants. Pour la vie.

Depuis notre séparation, sa carrière d'actrice, aussi bien au cinéma qu'au théâtre, s'est doucement ensablée. Elle n'a pas eu, comme moi, la chance de, modestement, se reconvertir. Le « métier » est de plus en plus méchant avec les femmes. Passé quarante ans, on est facilement « has-beenée ». Très injuste. Très bête. Le talent de Leïla – Inès à l'affiche –, dans le peu que j'ai vu d'elle ces années-ci, s'est, paradoxalement, amplifié. Dans l'émotion, dans la drôlerie, elle peut encore surprendre. Mais non, la brume de l'oubli, inéluctablement, s'abat sur elle. Il y a dix ans, c'était une star. Pour le public, pour ceux, innombrables, qui l'ont tant aimée dans nos films, elle l'est restée. Tout le monde n'a pas la chance de s'appeler Isabelle Huppert, Nathalie Baye ou Catherine Deneuve. Ou Sharon Stone ! Qui, parmi les chefs de cuisine cinématographique d'aujourd'hui, se souvient que la toujours très belle Françoise Fabian fut éblouissante dans *Ma nuit chez Maud* d'Éric Rohmer ? Éric Rohmer, sans doute. Mais qui, vu par les mêmes, prend en compte l'avis d'Éric Rohmer ? Pour une exception, dans cette carrière d'actrice qui a défié l'âge et le temps, Simone Signoret, passée en douceur de Casque d'or à madame Rosa, qu'advient-il, à l'écran, d'Anouk Aimée ou même de Jeanne Moreau, loin de *Lola* et de *Jules et Jim* ? À leur mort – je croise les doigts – que de couvertures de magazines, que d'articles, que d'ouvertures de journaux télévisés pour rendre hommage à leur immense talent ! Poivre d'Arvor va nous manquer.

On pourrait dire : « Place aux jeunes ! » mais non, les jeunes aussi doivent se faire pardonner d'être jeunes. Tant de remarquables premiers films avortés dans les maternités du septième art ! Sarah, Alexandre, Charlotte, vous qui êtes, à des titres divers, « du bâtiment » maintenant, qu'en pensez-vous ?

Moi, Alexandre, jeune acteur talentueux abonné aux premiers films de jeunes auteurs talentueux, je pense que, là encore, il ne faut pas désespérer, Papa. À preuve – ce ne sont pas des premiers films, mais bon – la toute nouvelle Palme d'or de Laurent Cantet et les César de Kéchiche et de quelques autres films « du milieu », comme dit Pascale Ferran, l'Arlette Laguiller du grand écran. Dans tous les cas, c'est mon avis. Et, c'est bien connu : « Tant qu'y a de l'avis, y a de l'espoir ! » Nul. Très mauvaise vanne, je sais, mais ça fait du bien. En mai, fais ce qu'il te plaît ! Eh bien figure-toi qu'il se fait, fin mai, ce premier film si mal parti qui me plaisait tant. Pas de fric, salaire en participation, ce ne sera pas Bienvenue chez les Ch'tis *mais je crois fermement que tu ne seras pas déçu par ton fils. Que demande le peuple ? Tout. Tout et son contraire. Accrochons-nous !*

Bien belle humeur, mon Alexandre. Même si tes jeux de mots sont en effet plutôt vasouillards, j'adore ça. Tu te distingues nettement de cette majorité de Français dont la journaliste Hélène

Jouan disait dans sa chronique ce matin sur France Inter qu'ils ont le moral dans les chaussettes. Accroche-toi ! Accrochons-nous ! Tu as raison. Le pays, la planète sont sens dessus dessous ; la nature se révolte ; c'est le chaos climatique et liberticide chez les Birmans, chez les Chinois (et les Tibétains dont il n'est plus question, on en a profité pour les noyer tous ?) ; l'économie mondiale est en dépression nerveuse ; chez nous, ces gens « modestes », petits cadres, employés, retraités vont chercher leur repas dans les poubelles proches des supermarchés tandis que certains patrons milliardaires s'augmentent de 58 % ; même notre extravagant président qui promettait d'aller chercher la croissance avec les dents s'y est brisé les jaquettes ; alors nous, toi et moi, mon pauvre chéri, qu'y pouvons-nous ? Rester vigilants. Et modestes. À notre place, nous avons les questions, pas les réponses.

Dans un journal que je ne lis jamais, *La Tribune*, ils s'appuient sur une enquête de l'Insee pour nous prédire que ça ira beaucoup mieux pour les Français en 2050. À la lecture de l'article nous aurions presque honte d'être aussi impatients. De quoi se plaint-on ? Et ça grogne, et ça fait grève, et ça manifeste ! 2050 !!! Moi, bien sûr, je ne me compte pas (longtemps que je me serai évaporé dans la dignité), mais toi, mon fils, en 2050, j'ai calculé à la louche, tu auras un peu moins de soixante-dix ans ! Rassuré ?

Dans l'humour à froid, trop marrant *La Tribune*. Je vais m'abonner.

Mes médecins devraient m'interdire la presse. Lu dans un article du *Monde* titré : « L'écorché et ses organes, en vrai », illustré par de terrifiantes photos de macchabées bien entretenus, cette phrase de William Shakespeare : « Notre corps est notre jardin, notre volonté en est le jardinier. » À méditer, entre deux séances de radiothérapie.

Début juin. Des nouvelles de ma santé pour celles et ceux que ça intéresse. Deuxième semaine de traitement. Ça se passe comme on me l'avait annoncé. Sans douleur. Accueil chaleureux, équipe apparemment compétente.

Le plus rude est de devoir fréquenter quotidiennement un établissement où, fâcheuse coïncidence, mon beau-père, le second mari de Maman, est décédé, au milieu des années soixante-dix. Ce n'était pas prévu au programme, ça. Ma mère, son jules, l'une de mes anciennes fiancées qui est morte là, dans une chambre du premier étage… Je croise beaucoup de fantômes dans les couloirs de cette clinique.

Un peu contrariant. Et puis, le petit escalier où la flèche « radiothérapie » a été placée juste au-dessus de la flèche « chimiothérapie »…

Gardons le sourire !

Je fais le paquet. Il m'arrive même d'en rajouter dans la docilité. Sous certaines conditions.

Une infirmière :

« Vous enlevez le pantalon, la chemise, les chaussures, vous pouvez garder les chaussettes. »

Alors, ça, non. Ça, c'est beaucoup. Non, en caleçon et chaussettes, ridicule. À mes risques et périls, je garde le caleçon mais j'enlève les chaussettes. Cette fille est jeune et plutôt plaisante. Il est exclu qu'elle me voie en caleçon et chaussettes !

Avant de passer au traitement proprement dit, ils ont fait des essais : nouveau scanner, simulateur, ultimes répétitions avant le tournage du film. Le 26 mai, coup de fil d'une secrétaire médicale :

« Il va falloir recommencer. Pour des raisons techniques, votre scanner est ininterprétable. »

Ininterprétable ? Qu'est-ce à dire ? Si, au lieu d'un scanner, il s'agissait d'un scénario et qu'à la place de la secrétaire, ce soit une actrice qui me refuse un rôle, je lui raccrocherais au nez ! Ininterprétable ? Va te faire foutre, pauvre folle !

Avec ceux, médecins, infirmières, etc., qu'on nomme les soignants, nous sommes voués à la courtoisie.

Nous, on nous appelle les patients.

Je lis la presse en diagonale, désormais. Trop déprimant, trop décourageant, trop révoltant pour un homme sensible tel que moi. Nous sommes beaucoup, je le sais, à partager cette humeur.

Belle, bonne, grande nouvelle cependant qui nous vient d'Amérique. Obama, le « nègre », a fini par triompher d'Hillary Clinton, la « sorcière ». Le voici candidat officiel du parti démocrate à la présidence des États-Unis ! En Amérique et dans le monde entier, nous sommes quelques millions à nous en réjouir. Il aura vaillamment résisté à l'exécrable campagne de sa rivale. Elle ne fait pas honneur aux femmes en politique, madame Clinton. Quoi qu'on puisse penser de notre Ségolène, pas la même. Je lisais, en titre d'un magazine, la semaine dernière : « Un Noir président, ça change quoi ? » Rien, s'il est nul. Idem pour une femme. Pour l'image, une vraie révolution, tout de même. Pourrait-on imaginer un Maghrébin ou un Africain d'origine face à Sarkozy, à la prochaine présidentielle française ? Demandez son avis à Azouz Begag !

Obama, au-delà de sa jeunesse, de son intelligence, de sa culture, de la séduction naturelle qu'il exerce sur des millions de gens (même blancs !), a révélé d'extraordinaires qualités pour décrocher le job qu'il convoite : humanisme, maîtrise de soi, talent et loyauté dans l'éloquence, subtilité dans l'approche des dossiers sociaux, économiques et militaires... Contre le vieux McCain, pâle clone de ce redoutable crétin de Bush, son élection serait une chance inespérée pour les Américains et pour les démocrates, tous continents réunis. Pour un peu, je ressortirais ma vieille kippa et j'irais prier pour lui à la synagogue. Et histoire de pousser à fond dans le religieux, je m'aventurerais même à bramer un gospel pour lui porter chance.

Après les abjectes insinuations de la femme de Bill Clinton – il l'a cocufiée, il a eu raison – selon lesquelles, si elle s'incrustait dans une candidature aussi pitoyable, c'était que, n'est-ce pas, après l'assassinat des frères Kennedy (elle n'a pas cité Martin Luther King, elle aurait dû, dans le genre black, encore plus typé que l'autre !), si on le flinguait, son challenger, elle était là, elle, pour sauver l'Amérique. Après les mensonges, les attaques racistes, c'était le pompon, cet appel au meurtre maquillé en intuition. T'en fais pas, ma cocotte, il est bien gardé. (Dernières informations, d'après ceux qui savent : elle accepterait de soutenir Obama contre le remboursement de ses frais de campagne.) Ce serait donc cela, aussi, la gauche américaine ? Ça nous consolerait presque de la nôtre.

Fin de la récré politique. Nous allons provisoirement fermer ce café du Commerce père et fils.

Demain soir, nous dînons (enfin !) tous les quatre, Alex, Sarah, Charlotte et moi, dans notre restaurant italien préféré. Avec un peu d'avance, nous lèverons notre verre à la victoire de Barack Hussein Obama.

Tard dans la nuit. Finalement reporté, le dîner à quatre. Sarah préfère me parler d'abord seule à seul. Ils s'aiment beaucoup, ces trois-là, mais lorsqu'il s'agit de leur père, pas très partageurs. Je dois y être pour quelque chose. Je me consolerai en allant au théâtre avec Charlotte voir la petite Sara Forestier, l'héroïne de *L'Esquive*, seule en scène dans un texte de Proust. Un peu de lumière dans le noir de ma vie.

La guérison promise ne change rien à ma détermination. Je l'ai dit, je l'ai écrit : je veux mourir. Mourir à temps. Ma mère partie, seuls mes enfants ont le pouvoir de me retenir. Pour moi, encore une fois, ce ne serait rien, vraiment rien, cette mort-là. Une potion et dodo. L'insomniaque que je suis n'y peut trouver qu'une libération. Déjà composé mon épitaphe : « Il dort. Enfin ! »

Ciel, que j'aurai aimé la vie ! Pas rancunier. Le moins qu'on puisse dire est qu'elle a été bien lunatique, cette vie-là, avec moi. Comme d'une femme capricieuse, je choisis de ne retenir que les bons moments. Les femmes ! Elles ont constamment jalonné mon parcours. Et pas seulement celles que j'ai épousées. On ne dira jamais assez les traces que l'on peut garder de brèves rencontres.

Pour me sauver de ma morosité, je tente de jouer, à ma façon, *Je me souviens* de Georges Perec.

Je me souviens de cette somptueuse beauté blonde, sosie de Romy Schneider, frôlée il y a bien longtemps dans une boîte de nuit de La Chaux-de-Fonds, petite bourgade suisse où je tournais l'un de mes premiers longs-métrages, bien avant de rencontrer Leïla, et qui m'avait littéralement électrisé au cours de l'unique nuit que nous avions passée ensemble. Un frémissement, un plaisir à haut voltage. Phénoménal. Une nuit entière à baiser. Des orgasmes en veux-tu, en voilà. J'ai oublié son nom, son prénom mais, elle, son visage, son corps, je ne les oublierai jamais. Dans l'amour physique, plus que du talent, du génie.

Je me souviens aussi de cette hôtesse d'un bar à filles de la rue François-Ier qui, après m'avoir reçu en client, s'était, telle une comédienne après le spectacle, démaquillée, rhabillée en jeune femme « normale » pour m'inviter à dîner. Elle m'avait avoué que je lui plaisais. Revenus dans son petit studio, nous avions refait l'amour. « Au béguin », comme on disait naguère de relations non tarifées, s'agissant d'une prostituée. Évidemment flatteur et très émouvant. Une belle situation de proxénète en perspective. Merci à toi, que je n'ai jamais revue.

Je me souviens de Mélina, ravissante Grecque croisée dans un restaurant nantais alors qu'elle vivait en couple avec un champion de foot et qui, quelques mois plus tard, de passage à Paris, séparée de son canari, m'avait téléphoné par envie de me retrouver. Une nuit, elle aussi. Elle s'embarquait pour les États-Unis, seule, le lendemain. Envolée à jamais vers un destin aléatoire. Depuis

Los Angeles, elle avait demandé à une amie athénienne de m'appeler pour me souhaiter un bon anniversaire. Bien doux, tout cela. Salut les filles ! Je pense à vous, ce soir.

Beaucoup d'autres amours, plus engagées dans le temps, ont embelli mon ordinaire. Sans excès dans le travers collectionneur. Je ne me suis jamais pris pour Casanova.

Je me souviens de Samantha, la maman de Sarah, épousée très jeune – elle, vingt ans, moi, vingt-quatre –, fracassée quelques années plus tard dans un accident de voiture. Veuf à vingt-sept ans. (J'étais sur le point de passer mon permis de conduire ; traumatisé, j'ai renoncé à prendre le volant pour la vie.) Notre fille Sarah, élevée à la monoparentale par un père bouffé par le désir d'exister dans un métier passion, secouru par de multiples baby-sitters plus ou moins qualifiées. Bien conscient que, malgré l'immense amour que je lui portais, que je lui porte encore, elle ne se remettra jamais tout à fait d'une enfance un peu trop « moderne ».

Je me souviens de Leïla. Comment l'oublier, elle ? Nous nous sommes encore vus hier soir. Sans Slimane. Sans Alexandre, sans Charlotte. Seuls. Je sens qu'elle se soucie de ma santé au-delà de ce qu'elle veut bien afficher. Drôle d'histoire, nous deux. Impossible de cacher les sentiments intacts que j'éprouve pour elle. Elle-même ne faisant pas mystère qu'elle n'y est pas indifférente. Nous avons longuement parlé de *Nos plus belles années*, de Sydney Pollack, où Robert Redford et Barbra Streisand marivaudent à l'américaine tout au long du film, se quittant, se retrouvant, sans cesse. À la fin, ils se séparent. Définitivement. Un peu hard, le happy end.

En salut à Pollack que nous adorions, pas loin d'en tourner, en changeant la fin, le remake français dans notre propre vie. Nous, nous finirions ensemble. À des riens, je perçois que Leïla, maintenant qu'elle est à nouveau disponible, n'y serait pas hostile.

L'amour-cœur, l'amour-corps. Il serait temps de modifier la pensée de Pascal en remplaçant un mot. Ça donnerait – pardon, Blaise : « Le corps a ses raisons que la raison ne connaît point. » Mais le cœur... Ah ! le cœur !...

Oui, décidément, « remettre le couvert » avec Leïla – promis, je ne ferai pas long – m'irait très bien.

Et puis, ça ferait tellement plaisir aux enfants !

Aujourd'hui, 17 mai, c'est ton anniversaire, Maman. Seulement voilà, il y a presque un mois, le 20 avril, tu es morte. Tu l'as échappé belle. Dans l'état où tu étais, que pouvait-on te souhaiter ? Une meilleure santé ? Déplacé. Te forcer à souffler tes bougies et à mastiquer ta part de gâteau à la petite cuiller ? Une épreuve. Tu as eu raison de te faire porter pâle. Il n'empêche, j'ai le cœur serré, ce matin, ma vieille. Depuis deux ans, tu ne sortais plus, tu ne bougeais presque plus de ton lit, mais le 17 mai, c'était sacré. Je débarquais avec ma corbeille de roses et tes chocolats préférés. Ou alors, j'étais en tournage loin de Paris et les fleurs, je les faisais livrer par Interflora. Avec tes chocolats à l'intérieur du bouquet. Tu les accueillais avec une certaine froideur, ces petites gâteries. Cette année, tu m'évites des frais inutiles. Il y a trois ans, je t'avais offert une jolie montre. Là, tu avais souri, tu m'avais remercié, embrassé. Le jour de ta mort, je l'ai reprise, la tocante. Pour la donner à Charlotte. En souvenir de sa grand-mère. Le seul bijou que j'aie osé dérober dans l'appartement. Les autres, je les laisse à Judith, qui, d'après les femmes qui veillaient sur toi, se serait déjà bien servie, au rayon joaillerie. Dans la médiocrité, dans la cupidité, elle ne m'aura jamais déçu, ta fille. Moi, franchement, je m'en suis toujours foutu de tes bijoux. Jeune homme, j'avais horreur que tu les exhibes après les avoir extorqués à ton mari, chaque fois qu'il te trompait.

« Tu as vu ma nouvelle bague ? »

Et tu me mettais sous le nez un diamant d'une grande vulgarité. Je n'aimais pas. Au point que, pendant des années, je n'ai même pas envisagé d'offrir quoi que ce soit qui relève de l'orfèvrerie aux femmes qui sont passées dans ma vie. C'est avec Leïla que je m'y suis mis. En plus discret. Et sans rien avoir à me faire pardonner.

Judith, ma sœur, quelques mots pour toi. Contrairement à ce dont, je crois, tu t'es persuadée, je ne te déteste pas. Ni ne te méprise. Je te plains. Je plains la petite fille, puis la jeune femme qu'en grand frère affectueux j'ai souvent protégée, d'être devenue ce que tu es. On dit que, passé quarante ans, on porte son âme sur son visage. C'est ce qui t'arrive. Et ce n'est pas beau à voir.

Nous allons bientôt nous retrouver devant un notaire qui nous dira ce que chacun peut espérer de la succession de Maman. Tu as très bien compris que je n'espère rien. Mais sache que par pur esprit de justice – y compris pour moi-même –, avec la détermination d'une femme chinoise, il est exclu que je renonce au moindre euro qui, légalement, pourrait me revenir. Affaire d'honneur. Tu ne peux pas comprendre.

Jeu de la vérité « pour rire », avec Leïla, hier après-midi. Il était question de notre sexualité passée. Même à la blague, sujet à risque. Dialogue :

Elle (*railleuse*) : Tu sais que, dans l'amour physique dont tu as toujours fait si grand cas, tu n'étais pas non plus exceptionnel…

Moi (*même jeu*) : Avec toi, ma chérie, avec toi !

Elle (*pouffant*) : Salaud !

Moi (*lancé*) : Dans la presse féminine, on s'attendrit volontiers sur les mal-baisées, mais il y a beaucoup de mal-baisantes !

Elle : Tu parles de moi, là ?

Moi : Oh ! C'est si loin. Je ne me souviens pas.

(*Un temps.*)

Moi (*insistant lourdement*) : Dans vos dîners de filles, vous n'avez pas de mots assez durs pour les hommes qui baisent comme des lapins. Mais que dire des femmes qui baisent comme des dindes ?

Suit un débat mi-figue mi-raisin sur les injustices comparées de la misogynie et de la misandrie. De bon aloi. Au-delà des blessures non cicatrisées, sans véritable agressivité. Drôle, plutôt. Amour, humour, rime riche.

Et puis nous avons pris un thé. Avec des viennoiseries. Comme avant.

En un moment où je m'interroge tellement sur la mort, pas inutile de me poser quelques questions sur la vie. En quoi, pour moi, valait-elle la peine – la joie – d'être vécue ? En tête de liste, je réponds : mes enfants. Un peu « bourgeois » – Sartre et Beauvoir m'auraient grondé – mais voilà, oui, Sarah, Alexandre, Charlotte. Et leurs mamans, Samantha et Leïla. Et d'autres femmes, avec ou sans enfants, qui ont ensoleillé ma vie. Voilà. Les femmes et les enfants d'abord. Angoisses et bonheurs intégrés. Et puis, très vite, surgissent une flopée de créateurs, écrivains, musiciens, cinéastes, acteurs, peintres, artistes de tout genre, de toute époque, auxquels je me suis encordé, tout au long de cette étrange randonnée qu'on appelle la vie. De Maupassant à Salinger, de Mozart à Gershwin, de Chaplin à Woody Allen, de Bogart à Gérard Philipe, de Monet à Picasso, d'Ella Fitzgerald à Barbara, de Jacques Brel à Liza Minnelli… Mes amis, mes amours. Dans mon panthéon intime se bousculent dans le désordre Victor Hugo, Jules Renard, Paul Léautaud, Cioran, James Baldwin, Marilyn Monroe, Colette, George Sand, Françoise Sagan, Simone Signoret, Claude Sautet, Federico Fellini, Marcello Mastroianni, Monica Vitti, Dino Risi, Ettore Scola, Mario Monicelli, John Cassavetes, Katharine Hepburn, Audrey Hepburn, Paul Newman, Robert Altman... Et Jacques Becker, Orson Welles, Alfred Hitchcock, Howard Hawks, Frank Capra, Ernst Lubitsch, George Cukor, Billy Wilder, Anne Bancroft, Bob Fosse, Stanley Kubrick, Gene Kelly, Cyd Charisse, Marlon Brando, James Dean... Et j'en oublie, j'en oublie... Bach, Brahms, Cézanne, Courbet... Et Klimt, découvert à Vienne, avec les enfants...

Et, bien sûr, le retour de l'été – une surprise, chaque fois ! –, le ciel, le soleil, la mer. Banal, mais vital, pour moi. Un coin de forêt, de prairie, découvert au hasard d'un voyage, pas besoin de photo, l'image s'installe dans la mémoire, pour l'éternité. Un mas provençal, une longère bretonne...

Et les films, mes films, dont j'ai accouché, du temps de Leïla. Toujours vivants. Ils repassent à la télé, quelquefois, sur les chaînes câblées. C'était bien.

Aucun mépris pour ma vie d'aujourd'hui. Ni aigreur, ni amertume. De la mélancolie, c'est tout.

Finalement, le dîner les yeux dans les yeux avec Sarah s'est mué en fête de famille pour son anniversaire. Samedi 28 juin, nous nous retrouverons tous autour d'un couscous, nous deux, son mari, ses enfants et les miens. Le couscous, je demanderai à une amie marocaine de me le préparer. Pour le gâteau, je m'en charge. Ma grande fille a encore l'âge de souffler ses bougies.

Papa, ton fils. Très réussie, notre soirée d'hier. Au théâtre, on parlerait de triomphe. Triomphe de l'amour. Triomphe de l'humour. Ces deux mots que tu affectionnes tant. Monsieur est servi. Charlotte et moi sommes heureux d'avoir retrouvé Marion et Max, nos neveux. Craquants. À la fois bien jolis et très futés. Drôles, en plus. Et vous voir rire aux larmes, Sarah et toi, était tout à fait réjouissant. Pourquoi sont-ils allés s'installer à Poitiers, ces idiots ? On dit que les peuples ont l'histoire de leur géographie. Les familles aussi. Il ne m'a pas échappé que ça collait bien entre toi et Patrick, ton gendre. Pour les garçons qui s'approchent de tes filles, s'ils cherchent ton approbation, ce sont les vingt premières années qui sont les plus longues ! Sans rire, je te préfère en père qu'en beau-père ! Au fait, j'y réfléchissais l'autre jour : sans basculer dans le vieux cliché papa-copain (des copains, j'en ai à la pelle), non, toi, tu es mon père, jusqu'à la moelle, mais, tout bien réfléchi, il me faut te faire un aveu qui bouscule fortement ma pudeur naturelle, mais tant pis : Papa, tu es mon meilleur ami. En l'état des choses, un peu mélo, ma déclaration. Genre fils qui abat sa carte maîtresse pour garder son père en vie. Non, je te jure qu'il n'y a pas la moindre stratégie là-dedans. Ami, pour moi, c'est un être qui peut tout entendre, tout comprendre. Qui te connaît, qui te « sent » tellement bien qu'il pourrait finir tes phrases avant que tu n'ailles au bout de leur formulation. Sorte de télépathie animale. Ça n'implique pas d'avoir à fonder une société d'admiration mutuelle. Non. Possibles désaccords, éventuels affrontements. Mais… Voilà, c'est dit, tu m'as compris. Je range mon violon.

Il y a cette histoire qu'on raconte : À quoi reconnaît-on un véritable ami ? Réponse : Si quand tu téléphones à ton ami et que tu lui annonces : « J'ai tué quelqu'un », il demande simplement : « Où as-tu caché le corps ? »

Pour peu qu'on donne à cette plaisanterie une dimension surréaliste et sachant le Fregoli de la mort que tu es – j'ai lu ton rêve de corbillard québécois –, ça ne fonctionne pas cette histoire : le meurtrier au téléphone, ça pourrait être toi... Et le corps caché...

Bonne nuit, Papa. Encore bravo pour la soirée d'hier.

Merci mon fils. Peut-on rêver plus beau, pour un père, que les mots que tu me laisses. Lorsque je t'entends (oui, quand tu écris, je t'entends ; tu écris « juste » comme on chante ou on joue « juste »), je n'ai d'autre choix que de m'abîmer dans une profonde confusion. Au double sens du terme : à la fois bouleversé et honteux. Honteux, surtout. Je ne te mérite pas. Je ne vous mérite pas, tes sœurs et toi. Cette épuisante navette entre mon amour de la vie et cette fascination pour la mort que je vous force à subir est insupportable. Vieux fou que je suis. Si vous glissiez une quelconque mixture dans mon verre pour en finir une bonne fois, vous auriez droit aux circonstances atténuantes.

Et si je me taisais ? Si je consentais à la boucler, putain de moi !? Trop longtemps que je vous saoule avec mes fluctuants états d'âme. C'est toi, Alex, c'est vous trois qui m'avez entraîné dans ce bizarre exercice, mais il faut bien admettre que j'y trouve mon compte.

Dans l'entre vie et mort où je me trouve, que signifient, entre autres obsessions, ces récurrentes et dérisoires ruminations socio-politiques sur la condition humaine ? Une preuve de vie. Je suis vivant. Voilà. C'est tout. C'est beaucoup.

Me revient le lointain souvenir d'un dîner avec Leïla et Jimmy, un ami scénariste américain de Paris, homosexuel et séropositif. Il se savait condamné – la trithérapie n'avait pas encore été inventée – et, au retour de son exil new-yorkais, il nous posait mille questions sur la situation politique en France : Mitterrand, Bérégovoy, Édith Cresson, Chirac, Le Pen, etc. Avant de repartir pour mourir aux États-Unis, il voulait se mettre à jour sur l'état d'un pays, la France, qui l'avait accueilli pendant quinze ans. Follement attendrissant dans ce que la démarche avait de saugrenu. Le ton d'extrême légèreté qu'il avait choisi pour nous interviewer n'était pas étranger à l'indicible émotion ressentie par Leïla et moi tout au long de cette bien remuante soirée. Il est mort deux mois plus tard, dans un hôpital new-yorkais. Volontairement. Avec, en réserve, deux capsules de cyanure dans la poche. Dans une hallucinante cérémonie des adieux, il avait invité quelques-uns de ses plus proches amis à traverser l'Atlantique pour l'embrasser avant son départ. Leïla s'y était rendue sans moi – retenu par un tournage – avec deux amis-frères. Je les revois encore, tous les trois, à Orly, en morceaux. Au revoir, Jimmy, mon coach, mon maître à mourir debout. J'avoue que je suis un peu jaloux : comment, par qui, de quel médecin as-tu pu obtenir ton cyanure ? Le système de santé américain, tant décrié, recèle de secrets avantages. Pour nous, Français, qui sommes si fiers du nôtre, décrocher du cyanure – je le déplore depuis assez longtemps –, impensable. Pour y accéder, j'irais même jusqu'à renoncer au remboursement par la Sécurité sociale !

Sur Ingrid Betancourt, je ferai court. Depuis qu'elle a été libérée (ce dont, comme des millions de gens, je me réjouis), on ne voit plus, on n'entend plus qu'elle. Miracle qui s'ajoute au miracle, elle va très bien. Loin des photos désolantes qu'on exposait un peu partout. Sept ans de jungle, on la croirait revenue de vacances au Club Méditerranée ! Quel personnage ! Quelle force de vie ! Depuis qu'elle est rentrée à Paris, elle est partout. À l'Élysée avec Sarkozy, à l'Hôtel de Ville avec Delanoë, à la terrasse d'un restaurant branché avec son copain Villepin... Un mot de remerciement pour chacun. Bel animal politique. Si, par extraordinaire, elle s'inscrivait au PS pour se présenter à la présidentielle de 2012, j'en connais, à gauche et à droite, qui auraient du souci à se faire ! Une chance pour eux tous, seule la Colombie l'intéresse. Dernier souhait exprimé : vivre en Colombie, mourir en France. Prends ton temps, Ingrid, prends ton temps. Tes enfants, ta sœur, ta mère, quelle famille ! Profite, profite ! Le fameux « Pense à Ingrid Betancourt ! », inventé par mon fils Alexandre, a radicalement changé de sens. Pour un peu, à présent, on l'envierait. (J'ai tout de même noté que, malgré son catholicisme affiché, aux moments les plus sombres de sa captivité, elle avait souvent pensé au suicide. Espérons que le pape Benoît XVI, qu'elle doit également rencontrer à Castel Gandolfo, ne lui en tiendra pas trop rigueur.)

Mes séances quotidiennes de radiothérapie me fatiguent. Physiquement et moralement. En plus de prévisibles effets secondaires, pas non plus insensible aux chariots, aux brancards, aux civières dans lesquels je me cogne chaque jour, véhiculant des hommes et des femmes de tous âges, bien plus atteints que je ne le suis. Que je ne le serai jamais. Je me bats pour ça.

Dialogue avec le très sympathique docteur T., patron du service, que je vois régulièrement en consultation. Avec moi, il a opté pour un ton enjoué qui, globalement, me convient :

« Alors ? Comment ça va ?

– Assez bien. Je résiste. Un peu de mal à m'habituer à l'idée d'attendre neuf mois – le temps d'une grossesse – avant de connaître, par une nouvelle analyse de sang, le résultat de mon traitement. Mais, bon. »

On sent que cette objection, au cours de sa longue carrière, il a dû l'affronter au moins un millier de fois. Réplique un peu mécanique :

« Vous savez, en cuisine, quand vous préparez un pot-au-feu dans une Cocotte-Minute, vous patientez jusqu'à la fin pour savoir s'il est réussi.

– C'est la première fois qu'on me compare à un pot-au-feu mais, pourquoi pas, en faisant un effort, je vais m'y faire ! »

Il éclate de rire. Parfois un peu maladroit, le docteur T., mais j'aime beaucoup ce type. Chaleureux, intelligent, empathique. Et, ce qui n'est pas négligeable, médicalement, j'ai très confiance en lui. L'établissement a bonne réputation. Contrairement à d'autres, même spécialité, dont j'ai lu récemment qu'on les avait fermés, certains de leurs clients ayant été, faute de précautions, irradiés. Irradiés ? Quèsaco ? C'est grave, docteur ?

Il botte en touche. Classique omerta médicale.

Mes médecins. Petite observation dans la marge : du professeur Z. au docteur T. en passant par Y., le radiologue, et à l'exception de mon vieil ami P., l'homme au squelette, tous ces excellents et réputés praticiens sont juifs. Séfarades. Tous. Des Séfarades aux petits soins avec un Ashkénaze, encore un cliché qui explose ! On a si souvent ironisé sur les différences (et parfois même les différends) entre les deux tribus…

Pour mon prochain cancer, c'est décidé, j'irai me faire soigner à Tel-Aviv !

Depuis cette soirée magique autour de Sarah, je n'ai revu aucun de mes enfants. Même Alexandre, mon interlocuteur le plus assidu, se fait rare. Mauvaise passe, pour lui, je le sens. Le boulot, les amours, rien ne va. J'ai pour principe, maintenant qu'ils sont grands, de ne pas trop m'immiscer dans la vie professionnelle – et encore moins sentimentale – de mes anciens bébés, mais là, aux quelques textos reçus sur mon portable, je renifle que, provisoirement, la vie n'est pas très aimable avec mon fils. Avec beaucoup de réticence, il a fini par accepter de passer à la maison demain après-midi pour se réchauffer l'âme auprès de son « meilleur ami ». Ne pas le décevoir.

Mon Alexandre. Beau, intelligent, talentueux, tout pour être heureux. Sensible, fragile, aussi. Trop. Adolescent, en fervent lecteur de Musset, Rimbaud, Verlaine et les autres, il a été contaminé par une excessive absorption de romantisme et, à bientôt vingt-six ans, il n'est toujours pas guéri. Aussi scandalisé que peut l'être son père par le monde tel qu'il est. Les chats ne font pas des chiens, non. Et moi, l'irresponsable, qui depuis un an le poursuis à tue-tête de mes miaulements ostentatoires ! Et lui qui me soutient. Qui me réconforte. Le monde à l'envers. Demain, je l'écoute et je lui parle. De lui. Amis, oui. À la vie à la mort. Vers dix-neuf heures, nous trinquerons à la vie. À la sienne. Et plus un mot sur ma mort à moi. En tout cas, plus pour mes enfants. Terminées, les relations épistolaires. Intime, le journal. Tiroir secret.

Aujourd'hui, 14 juillet, comme chaque année, vers onze heures, je regarde le défilé à la télé. Pour un ancien objecteur de conscience, irrécupérable antimilitariste, plutôt cocasse. Ce matin, dans *Le Parisien*, ils ont titré en caractères gras : « L'armée n'est pas à la fête ». Réduction des crédits, fermeture des casernes, la Grande Muette est au bord d'imploser. Pour l'heure, je regarde les petits soldats marcher au pas – gauche-droite, droite-gauche – devant Sarkozy, Berlusconi, Bouteflika, Ben Ali, Olmert, Bachar al-Assad et autres grands champions de la démocratie. Il nous faut bien fêter la prise de la Bastille et la naissance de la République ! On a même lâché – une première – des parachutistes devant la tribune officielle. Nos malheureux militaires, maltraités par l'État comme de vulgaires marins-pêcheurs, chantent *La Marseillaise*, mais le cœur n'y est pas. Et s'ils nous improvisaient une nouvelle révolution des œillets à la portugaise ? Sur mon écran, j'aperçois une belle brochette de Salazar avérés ou potentiels, mais pas d'Otelo de Carvalho à l'horizon. Tout à l'heure apparaîtra même, comme dans un spectacle de fin d'année d'école maternelle, le sympathique Kad Merad, l'autre héros des *Ch'tis* de Dany Boon – tous deux d'origine maghrébine –, qui nous lira quelques extraits de la Déclaration des droits de l'homme ! Gros plan sur Sarkozy et Hortefeux, au zénith de la félicité. À ce niveau de surréalisme dans le plein air à l'avignonnaise, ils auraient pu, pour déclamer le texte fondateur, payer le voyage à un Algérien sans-papiers du camp de rétention de Nîmes. Ça n'aurait pas manqué de gueule non plus. Quelle tchoutchouka ! Au point où il en est de la désaffection du « peuple souverain », Sarkozy n'a plus rien à perdre. 14 juillet 2008. On s'en souviendra.

On se souviendra aussi, longtemps, des coups portés par ce bien étrange président à la société civile tout entière. Plus il plonge dans les sondages, plus il se montre hystériquement inventif. Une (mauvaise) idée par jour. Pour s'en tenir à Alexandre et moi – exemple au hasard ! –, le désordre mental que révèlent les effets d'annonce sarkozyens quant au financement de la télévision publique nous a, père et fils, réalisateur et acteur, aussi éloignés que nous soyons générationnellement, gravement perturbés dans notre quotidien. Déjà terrorisés par le pouvoir politique, les caporaux audiovisuels sont devenus des flics. Plus aucun projet de film ou de téléfilm n'est assuré d'aboutir. Je me souviens du dicton de ma jeunesse gauchisante : « Si tu ne t'intéresses pas à la politique, la politique s'intéresse à toi. » Comment réconforter mon garçon, provisoirement chômeur, qui me parlait hier, gorge nouée, les larmes au bord des cils ? *Mon fils, ma bataille*, chantait Balavoine. J'ai le couteau à la main. Et puis, tard dans la nuit, nous avons ri. Demain, il part pour cette Balagne que je ne connais pas, rejoindre sa mère et sa sœur. Moi, cerné par mes rayons X, aussi étranger à mon corps qu'à mon esprit, je reste à Paris. La semaine prochaine, mardi 22 juillet, fin du traitement anti-cancer. Certains, certaines – surtout l'une d'elles, parmi mes « manipulatrices », qui était vraiment drôle et jolie – vont, peut-être pour toujours, sortir du champ. Il était temps. Je commençais à m'attacher.

L'exquis professeur Z. me l'avait promis : ce festival estival à la périphérie de mes organes génitaux ne menacerait que modérément mon capital de testostérone. Bien vu. Pas le cœur, pas le corps à vérifier la prédiction, mais une cure de Viagra ne me paraît pas s'imposer. À propos de ça (au sens freudien du « ça »), pris quelques notes pour une séquence originale à glisser dans un hypothétique scénario : aux toilettes d'un service chimio et radiothérapie, identique à celui que je fréquente quotidiennement, un type atteint d'un cancer des testicules, sortant de la cabine où il est allé pisser, se heurte, près du lavabo, à une jeune et belle dame, taraudée, elle, par une légère tumeur à l'utérus.

Lui (*surpris*) : Pardon. Je ne savais pas que c'était mixte.

Elle (*en habituée*) : Oui, oui, c'est mixte.

Lui : Tant mieux. Je suis ravi de vous rencontrer. Vous êtes superbe.

Elle : Merci pour le compliment. Cadeau. Justement, c'est mon anniversaire, aujourd'hui.

Lui : Ah oui ?! Fin juin, comme moi. Nous sommes du même signe.

De toute évidence, ils se plaisent. À la limite d'échanger leurs numéros de portable. C'est l'astrologie qui commande. Cancer ascendant cancer.

À la fin du film, ils sont guéris. Mariage. Bonheur. Peut-être même enfants. On organiserait l'avant-première à Villejuif. En hommage au professeur Léon Schwartzenberg.

En épluchant ma bibliothèque, j'ai retrouvé un livre paru en 1982, *Suicide, mode d'emploi*, dont j'avais oublié qu'il était en ma possession. Vendu chez nous, en son temps, à plus de cent mille exemplaires, traduit en six langues, avant d'être interdit à la vente, neuf ans plus tard, sur notre territoire – il est accessible dans d'autres pays francophones – et je suppose qu'il a dû rendre quelques services à ceux qui, comme moi, souhaitaient pouvoir, un jour, s'en aller gracieusement. Très excité d'avoir retrouvé ce bouquin. Ses adversaires avaient plaidé, je me souviens, en multipliant les procédures judiciaires, que l'opuscule en question était une « provocation au suicide » et obtenu du Parlement de l'époque que l'on interrompe sa diffusion. Si ma mémoire est bonne, le livre mettait d'abord en garde les candidats à une sortie « à la carte » contre tous les suicides aussi violents qu'inesthétiques tels que la pendaison, l'asphyxie au gaz, la défenestration, etc., ainsi que les à-peu-près médicamenteux qui se résolvent généralement par un lavage d'estomac, qu'on nomme trop souvent « appels au secours » et qui ne sont parfois que des brouillons, recopiés plus tard avec succès. Pour avoir eu jadis une amie partie pour Londres, une ville qu'elle aimait, se délester d'une existence trop lourde, *Suicide, mode d'emploi* dans ses valises, je sais que cet ouvrage est un guide de la mort choisie très fiable.

Cette semaine, dans le droit fil de ce qui précède, j'ai commis un délit qui ne m'honore pas mais que je me pardonne : j'ai volé. Oui, pour la première fois de ma vie, j'ai volé. Après un déjeuner très amical avec le docteur S., mon assassin favori, j'ai profité qu'il se soit absenté quelques minutes de son cabinet pour lui faucher des ordonnances. En cas d'urgence, à présent que j'ai retrouvé ce qui va devenir mon livre de chevet, je saurai imiter sa signature. Inévitable obligation pour obtenir le produit souhaité en pharmacie. Le pire est que je n'en ressens aucune honte. Ma fin justifie les moyens.

Le hasard a bien du talent. Sandrine, ma Sandrine à moi, celle que ce grand mal élevé d'Alexandre avait méchamment baptisée la petite pompeuse funèbre, est réapparue dans ma vie. Au moment même où mon traitement aux rayons X – plus pénible que j'ai bien voulu l'avouer lorsque mes enfants me lisaient – arrivait à son terme, où j'avais secrètement décidé de cesser de noircir ces pages en forme de journal, de testament, de va savoir quoi, mais surtout d'acte d'amour, amour de la vie, amour de Sarah, d'Alexandre, de Charlotte – de Leïla, aussi –, mes indispensables, voilà Sandrine, ma belle sirène corse de l'été dernier, qui revient vers moi. Apothéose. Ce matin, elle dort dans ma chambre, dans mon lit. Fou de joie. En dépit des apparences, notre histoire va bien au-delà d'une relation plus ou moins libidineuse entre un type vieillissant et une jeunette effrontément disponible. Fortes affinités, entre nous. Nos yeux se parlent. Les grands mots, les « je t'aime », les « je t'adore » ne sont pas de mise. Amour et plaisir sans commentaires. Ce qui ne nous empêche pas de papoter, de rire ensemble, pendant des heures, avant, après l'amour, en parfaite harmonie, cramponnés l'un à l'autre sur le canapé du salon. Comment ai-je pu supporter de me passer d'elle durant près d'un an ? Mal.

Aucune rancune de ma part. La pauvre petite n'avait pas le choix. J'ai pu apprécier, au moment de la mort de ma mère, ce qu'était réellement le travail d'une entreprise de pompes funèbres. Le quotidien de ces gens-là ne se limite pas à fourguer des boîtes de chêne ou de sapin plus ou moins coûteuses, les garnitures florales qui les accompagnent, les services religieux qu'à la demande on doit mettre en scène, etc. Non, dans le meilleur des cas, s'y glissent des notions autrement plus subtiles : la sensibilité, le respect de l'autre, une intelligence qui refuse la routine, bref, ces niaiseries qu'on nomme valeurs humaines, face à ceux qui partent, face à ceux qui restent. Pour les endeuillés estimables – tout le monde ne s'appelle pas Judith –, la présence d'une Sandrine devait être d'un grand réconfort. J'en parle à l'imparfait car, dans le peu qu'elle m'a dit, j'ai compris qu'elle a décidé de prendre le large. Avec moi. Oui, avec moi. Je le prends d'enthousiasme avec elle. Ce moment-là, je l'espérais depuis des mois. Hier, en débarquant chez moi, Sandrine m'a confié que ses parents, retraités exténués, mettaient en vente le magasin familial et qu'elle, l'héritière funéraire, en un spectaculaire zoom arrière, avait opté pour la liberté. J'applaudis. Elle ne me propose rien de moins que de l'accompagner à l'île de la Réunion – pour nous deux, la bien nommée ! – où des amis l'attendent, nous attendent. Belle rencontre que la nôtre : elle fuit la mort des autres et moi, pour un temps, je m'évade de la mienne. Une chance inespérée pour le relatif désespéré que je suis. L'été dernier, ensemble, c'était la Corse ; cette année, la Réunion. Une île pour une autre. Mentalement, je suis déjà dans l'avion. À part une nouvelle épidémie de chikungunya, assez tendance là-bas, rien de grave à redouter. Avec mon *Suicide, mode d'emploi* et le paquet d'ordonnances glissés dans mes bagages, une divine assistante funèbre à mes côtés, je nous vois déjà ouvrir une échoppe « Éros et Thanatos » réunionnaise ! Boutique de fringues féminines exclusivement noires. Égayer le deuil, du string à la robe du soir.

Sarah, ma fille, mon aînée, mon premier bébé pour toujours, heureux que nous nous soyons si tendrement rapprochés. Non, tu n'es pas, tu n'as jamais été ma fille « facultative ». Ton mari est épatant. Vos deux enfants irrésistibles. Je t'aime. Je vous aime.

Alexandre, Charlotte, mes chéris d'entre mes chéris, nous arrivons au terme de nos échanges en noir sur blanc. Je sors mes pages de leur cachette pour les remettre dans mon sous-main, comme au début. Elles sont à vous. Ne soyez pas trop inquiets pour votre père. Il va bien. Demain est un autre jour.

Nous avions prévu de passer ce mois d'août en Corse. Et puis voilà, changement de programme. Je sais que, ayant bien pris la mesure de mes humeurs actuelles, vous me comprendrez. Soyez attentifs à votre maman. Elle est moins extravertie que moi – ça, tout le monde ! – mais, en mère indispensable qu'elle est, qu'elle a toujours été pour vous, elle mérite que la caméra s'attarde un peu sur elle. Embrassez-la très fort pour moi. Je vous appellerai vite. On me dit qu'à la Réunion les portables fonctionnent très bien. Ma boîte vocale et mon écran à textos n'attendent que vous.

J'ai sous les yeux un cendrier de cuivre en forme de cœur que Leïla m'avait offert quand nous vivions encore ensemble. Quelques mots simples écrits au creux de l'objet: « Il n'y a qu'un seul bonheur dans la vie, aimer et être aimé. » À bientôt, mes amours. Je m'éloigne mais je ne vous quitte pas.

Lumio, septembre 2007-août 2008.

Pour l'éditeur, le principe est d'utiliser des papiers composés de fibres naturelles, renouvelables, recyclables et fabriquées à partir de bois issus de forêts qui adoptent un système d'aménagement durable.

En outre, l'éditeur attend de ses fournisseurs de papier qu'ils s'inscrivent dans une démarche de certification environnementale reconnue.

Ce volume a été composé
par I.G.S.-CP à L'Isle-d'Espagnac (Charente)

Cet ouvrage a été imprimé en France par
CPI Bussière
à Saint-Amand-Montrond (Cher)
pour le compte des Éditions Stock
31, rue de Fleurus, 75006 Paris
en octobre 2008

N° d'édition : 01. – N° d'impression : 083235/4.
Dépôt légal : novembre 2008.
54-51-6151/2